U0462026

分量
MATTER

跳出竞争深井 成为当然之选

彼得·希汉
（Peter Sheahan）
朱莉·威廉森
（Julie Williamson） 著

苑东明 孙英双 译

MOVE BEYOND THE COMPETITION,
CREATE MORE VALUE, AND BECOME THE OBVIOUS CHOICE

中国人民大学出版社
·北京·

前言

你的公司真的举足轻重吗？它是否超越了市场上其他那些严重同质化的、可有可无的商业化解决方案，并为客户、社区、投资者和员工创造了更多价值？它其实可以！

你的团队是否专注于那些真正有价值的工作？你的团队成员是否正在解决内部和外部客户所面临的那些最艰难的挑战，并更上层楼，为组织创造出更多价值？他们其实可以！

你自己呢？你的工作是否成色十足？你是只顾埋头苦干，还是在团队最需要你的领域干着四两拨千斤的关键性工作，相比陷在基础的事务性工作中打转，你是不是为团队成员和组织创造了更多价值？你本来可以！

只要问一问道格·伍兹（Doug Woods）、杰夫·摩尔（Jeff Moore）和安吉拉·阿伦茨（Angela Ahrendts）就能得到答案。在各自的行业里，他们每个人都以自己的方式从事着卓有成效的工作，正因为他们的公司为各自的客户、合作伙伴和员工化解了各种挑战，世界才因为他们的努力而产生了积极的改变。

道格·伍兹和他的团队在 DPR 建筑公司举足轻重，因为他们能够建造出优质工程。在施工过程中，他们努力不懈地追求高效的合作方式，这永远地改变了他们的客户和合作伙伴。建筑业在他们的引领下日新月异地发展。

杰夫·摩尔和他的团队在湖滨（Lakeside）运输管理公司很有分量，因为他们敢为人先，心怀其他任何货运公司连想都不敢想的愿景。他们在竞争中先人一步，勇于挑战历史上一直困扰着物流业的陈规痼疾，并因此成为值得客户信赖的合作伙伴，他们不只善于降低成本、盘活资源，还降低了运输过程中的碳排放。

在博柏利（Burberry）公司，安吉拉·阿伦茨和她的团队对这家有着 160 年历史的老字号有着举足轻重的影响。我们知道，数字革命不仅威胁着博柏利这一品牌的生存，而且使整个零售业面临重大威胁，但他们能够借势数字革命的力量，帮助这一品牌重振雄风。她和她的团队致力于以雄心勃勃的方式重塑品牌、购物体验和客户群。结果如何呢？顾客回来了，投资者回来了，品牌又建立起了面向未来 160 年的发展目标，这在全渠道的数字世界里，为零售业点亮了一座熠熠闪光的新灯塔。

你、你的团队和你的公司每天选择做什么，这非常关键。因为这关系着你能解决什么问题，不但对你的服务对象很重要，对你自己的自豪感、成就感、提升感同样很重要。人们想在那些有分量的商场购物，想为有分量的公司工作，也希望在我们的社区里，有分量的组织和人士能济济一堂。

本书讲述的内容主要是关于如何建立举足轻重的公司，这样的公司能创造更多价值、能在竞争中先人一步，从而成为各自市场上的当然之选。书中也讲述了如何建立有分量的团队，如何去做那些对自己而言最有价值的工作。对于那些希望通过工作实现自我增值的人来说，我们在这里所给出的观察、评论和建议无论从哪个方面讲，都能发挥出应有的作用。

在书中，你会看到大公司、小公司、B2B 公司和 B2C 公司，甚至会看到间谍机构的例子。你也会看到许多杰出的个人。我们会深入剖析这些组织中的个人是经由什么样的历程，成功走出了商业经营过程中的士气低谷期，最终把组织发展成客户、最富才干的员工以及投资者及其所服务社区的坚定选择。

在 Karrikins 集团（原 ChangeLabs），这个问题一直困扰着我们。我们花超过 15 年的时间来研究要变得举足轻重需要些什么条件，并与那些正努力变得更有分量的公司携手合作，它们总是力争创造更多价值，在竞争中先人一步，并最终成为当然之选。我们曾经考察过一些成功的公司，也考察过一些失败的公司，从中得到许多启发，我们觉得分享这些经验教训是很重要的事。本书就是对我们认识成果的一个总结，我们需要由此对组织如何成为当然之选进行归纳提炼。在本书中，我们会为你介绍那些成功人士走过的路，供你参考。

为此，我们开展了一项调研，旨在揭示和记录那些已经成为人们当然之选的成功公司的做法，这些公司都是在各自行业中举足轻重的佼佼者。这30多家公司来自十几个国家，我们进行了几百次采访，记录了数千页资料，经过数年分析，写下数万字的总结，力图描述我们收获的启示。这些启示最终形成一个非常简单但有力的见解：要成为当然之选，成为一家举足轻重的公司，你需要始终如一地创造出比竞争对手更有价值、更不容易复制的成果。由于市场对价值的定义随着时间推移而不断演化，你也必须保持相应的能力，不断超越竞争对手，创造出新的有价值的成果。道理就是如此。

听起来很简单，对吗？但是，不断创造新的有价值的成果显然不是所有公司都能做到的，只有一些优秀的公司才能取得这样的成就。有些公司为何能连年成为各自市场上的当然之选？我们认识到，三个关于提供价值的问题是值得破解的秘密。让我们通过分析来回答这三个问题，相信对发展而言这是最有用的：

1. 创造更多价值都需要什么？

2. 到何处寻找机遇以创造更多价值？

3. 如何培养能力以便每年都能提供更多的价值？

这三个问题构成了我们继续研究的基础，其答案就是本书的前提。

创造更多价值都需要些什么？

杰夫·摩尔着手将湖滨公司的业务模式从激烈同质化竞争转变到努力成为加拿大创新性消费品企业的当然之选。他知道实现这一目标的唯一办法就是超越竞争对手，解决更复杂的问题，并创造更有价值的成果。此举意味着以市场上其他人无法轻易复制的方式，解决客户面临的最重要问题，即高昂的货运成本问题。

以下是我关于价值的定义：如果你不想太平凡，并且想成为当然之选，你就需要就那些对你的顾客来说特别重要的问题拿出解决方案，而且除你之外，还很少有人能够解决这样的难题。理论上讲这可谓大道至简，但在实践中落实却绝非易事。

在杰夫的案例中，唯一可行的方法便是使用独家供应商的物流管理模式来解决这一问题，挑战根深蒂固的行业惯例，并借此提高效率、充分利用好机会。这是一项复杂的工作，需要眼光、智慧、有效的过程和系统，以及大规模推广的决心。如果你具备这些条件，那么复杂性就是一件好事——这正是你脱颖而出的机会所在。定义和解决具有重要经济意义的复杂问题是一项非常困难的工作，它无法轻易复制，但这种可放大的解决方案的稀缺性正是它被重视的原因所在。

杰夫愿意致力于驾驭这种复杂性，正是这一点使他的湖滨公司成为客户的当然之选。在第 4 章中，你会了解到有关湖滨公司具体工作方式的更多内容。现在，我们先把注意力转移到用以理解、识别最复杂和最重要问题的方法上，通过这些方法我们可以找到为客户的生活（同时也为你的员工、社区以及行业中其他人）创造更多价值的机会。

到何处寻找机遇以创造更多价值？

当安吉拉·阿伦茨接任博柏利公司首席执行官时，该品牌正处于衰落中：风衣产品不再酷炫时尚，人们倾向于把公司品牌与年龄较大、影响力较小的人群关联起来；传统战略正被强大的线上渠道所侵蚀，这些渠道销售的产品和店面所售产品完全一样，价格却优惠约 25％。总之，公司遭到了颠覆性打击。

和大多数零售商一样，博柏利一心想躲过被颠覆的命运，但仍然坚持传统的业务模式，并希望能躲过一劫。这可不是安吉拉的做法。在她的领导下，博柏利将采取行动越过这种颠覆性冲击，努力在旧的实体世界与新的数字世界交汇之处寻求一线生机，而不是选择束手待毙。她的愿景是建立起全渠道的品牌和业务模式，能够为任何地方的客户提供服务，而不是像以往那样，只在博柏利预期客户会出现的地方提供服务。

她一直走到我们所说的颠覆前沿（edge of disruption），由此展望并重新构想博柏利零售业务的未来。非常值得称道的独家供应模式对湖滨公司的意义，与全渠道消费者体验模式对博柏利的意义是一样的。

我们在研究中发现，能够创造出最多价值的机会往往位于颠覆性力量的前沿位置，处于新旧交叉点上，在这里，你过去所创造的利润、影响力范围和历史声誉能让你验证未来的模式。这里有最复杂的问题，解决方案却少之又少。博柏利并没有完全放弃传统的商店模式，选择彻底转向数字化。反之，它在颠覆的前沿地带接受了全渠道模式。利用新兴的数字革命，博柏利将其与现有的业务模式相融合，满怀信心地迈向未来，而解决方案和商业模式正是公司在新世界得以兴旺成长的利器。

对于你的组织来说，颠覆前沿就是这样一个点，由此你能看到从过去到现在，技术、规则、客户需求、成本结构、员工、投资者和其他变量所发生的变化，这一切汇聚成一股颠覆性的潮流，威胁着组织现有价值定位和业务模式的合理性。当你把这些变化推演到未来，就会看到一股侵蚀性力量正把你的产品或服务变成同质化竞争的大路货，而你却只能在价格、销售量和成本结构上与对手进行竞争，只能变本加厉地压榨员工，让他们多干少拿、"共体时艰"。

与受到侵蚀相反的是，你也可以在颠覆前沿看到不一样的未来景象——颠覆带来的复杂性使顾客面临很多新挑战，这正是你为客户创造更多价值的机遇。正是在这个新旧交叉点上，你可以找到脱颖而出的机会。在本书中，我们将帮你确认你的颠覆前沿在何处，向你示范当你置身于这样的环境时，怎样才能努力变成顾客的当然之选。

现在你应该知道自己要去往何处了，那就是到颠覆前沿去，在那里你可以将现有的和新兴的业务模式融合到一起，创造出更多价值。你不仅想去那里，而且想做更多的事情——你想解决在那里遇到的问题，并抓住由此出现的机遇；你想利用颠覆前沿的优势有效地验证一些关于企业经营的假想和观点；你想开辟出新的与众不同的经营之路——要通过有意义地改变现有经营方式的产品和服务来实现。

要做到这一点就要搞清楚如何到达颠覆前沿并留在那里，继续学习并随着前沿的移动而移动。关于颠覆前沿的一个隐秘的小事实就是：它不会在一个地方停留太久。你必须学会始终以动制动。如果能够做到这一点，你就将年复一年地始终成为客户、员工、投资者和社区的当然之选，而且对所有服务对象来说，你都将是举足轻重的合作伙伴。

如何培养能力以逐年提供更多价值?

当道格·伍兹、彼得·诺斯勒（Peter Nosler）和罗恩·达维多夫斯基（Ron Davidowski）（DPR 公司的 D、P 和 R）于 1990 年成立公司时，他们的心愿就是让公司成为建筑业中有影响力的公司。他们想成为在多个方面推动变革的中坚力量。

● 首先，DPR 想改变客户与其总承包商（GC）的合作方式。长期以来，客户与 GC 关系不佳，总是被落空的期望、诉讼和不符合标准的结果所困扰。DPR 希望在与客户的合作中，能够提升他们的体验，更好地做到按时、按预算交付项目。

● 其次，DPR 想改变自己与工作人员以及承包商合作的方式。在其核心理念所勾画出的"生动描述"中，DPR 确立了一个远大目标，"在接下来的 30 年里，我们的人力资源实践要像惠普公司在过去 50 年里做的一样，要保持先进、要具有深远的影响力"。

● 最后，DPR 想通过与优秀的合作伙伴共同建造杰出的建筑作品，来改变自己所服务的社区。

至今，DPR 已经从 20 世纪 90 年代的一个初创公司成长为总值 30 亿美元的大型企业，而且成了 Facebook 和 Genentech 这类公司的当然之选，共同寻求与其他总承包商结成合作伙伴关系以"建造伟大建筑"。同时，它已被列入多个"最佳雇主公司"名单（包括针对千禧一代的榜单），曾通过旗下的 DPR 基金向慈善机构捐赠了数百万美元。我们认为，公正地说，DPR 对其客户、员工和承包商以及社区而言就是一家举足轻重的公司。

它如何年复一年做到这点，而不是像流星一样闪过？是通过不断找出解决更复杂问题的最佳机遇，然后通过付出艰苦劳动来解决这些问题。在 DPR 的案例中，领导团队成员欣然承认自己并不完美，但他们敢于直面建筑项目中最具技术含量的复杂问题，致力于按照自己对创新性方法的理解来引领行业，在发展前进的过程中不断重新定义最佳实践，并承诺向客户提供更多有价值的成果。

DPR 领导团队所做的事情，在我们所研究的公司中屡见不鲜。要成为一家有分量的公司，你就需要根据你的实际影响力来判断自己，而不是主观臆断。有分量的公司不只是谈论创造更多价值的机会，它们会通过必要的努力工作把这些机遇转化为明明白白的价值。当有复杂的问题出现在颠覆前沿（也即未来与过去相遇之处）时，这些公司不会回避挑战，试图固守传统的业务模式。它们愿意冒险去开发、改善一种新的前进方式，而且这样做不只是为了自己。

这些很有分量的公司会始终关注传统，努力去做正确的事情，致力于为其客户、行业以及社区创造价值。它们认为让每个人和其所在社区甚至包括竞争对手芝麻开花节节高，就是自己的职责。通过提供最有价值的解决方案令客户、员工和社区渐入佳境的公司会产生更大影响。通过提供最有价值的解决方案让顾客、雇员和社区获益，其自身的影响力也会日盛一日。

因其领导者选择以与众不同的方式与客户、承包商及社区合作，DPR 拥有了更大的影响力。这些创始人想在最基本的业务运作层面来挑战企业的运作方式，即客户和建筑商之间的承包关系。他们在这个行业浸淫已久，能看到现在那些聚讼纷纭的模式所存在的所有问题，并决定通过提高影响力和重新定义合作过程来改变游戏规则。

靠单打独斗显然无法做到这一点。DPR 必须与那些恰好有理想、有能力建造伟大建筑的客户组织中那些具备影响力的人物建立起良好的关系。它必须使自己的经济利益与项目的成功挂钩，要与合作伙伴风雨同舟，并帮助他们开拓新的发展门路。它还必须在客户圈之外建立起各种良好关系，在业务之旅中与银行家、员工、转包商甚至大学都携起手来。当 DPR 的创始人站在幕后，观察其试图发挥的影响力时，他们发现自己需要影响整个行业和市场，只有建立起广泛的关系才能实现这一目的。他们需要建立起更多的人脉，这种关系让他们能对有决策能力的人产生影响，能对客户组织内部的细微差别和文化现实形成深刻认识，能与那些对解决行业内最复杂的问题最为关键的个人和理念建立起联系。

那些有分量的公司会提升与客户以及整个行业的关系。当需要听到业内声音时，它们就是首选，它们有能力把市场内广泛的对话聚合到创新和协作的话题。同时，这样的公司有能力就客户的战略、挑战和未来发展，与其进行密切、细致的探讨。换言之，凭借建立起的关系，它们比行业中的其他公司更具影响力，更易建立良好的合作关系，也更便于联系沟通。关系是使它们具备更大影响力的重要原因。

目前 DPR 的颠覆前沿是采用综合项目交付和风险分担模式，这些模式重绘了客户、设计师和总承包商之间的界限。DPR 知道其颠覆前沿之所在的原因是，像其他有分量的公司一样，它选择有意识地、有系统地去定义它、了解它，然后分享自己所掌握的知识。DPR 针对正在发生的颠覆形成自己的观点，并主动发现可以提供给客户和合作伙伴的价值，反过来，后两者又会尽可能地征求 DPR 的观点。DPR 的团队已经有能力建立足够强大的声望，能够与行业内最资深的决策者和影响者建立起联系。该公司高瞻远瞩地建立起必要的通路和信用，进而能建立更多的人脉联系，这两者的结合向 DPR 的领导层展现了具备更大影响力的途径，成为人们当然之选的路线图正隐藏其中：

● 通过定义你的颠覆前沿，并围绕它进行尽可能多的学习和分享，开阔眼界。

● 利用你开阔的眼界积累信用，并获得建立更高层次联系所需要的通路。

● 深入了解客户并从颠覆中找到机会，你将具备发挥更大作用所必需的理解力和影响力。

● 直面解决更高价值问题的复杂性，当仁不让地以一种无愧你的领导地位的方式行事。

● 一旦做到这些，你就能为你的客户创造出更多价值，在竞争中超越对手，顺理成章地连年成为市场上的当然之选。你会更加举足轻重。

无论你的客户属于内部还是外部、其规模是大是小、是本地化还是全球运营，你和你的团队都应该努力去做那些更有分量的工作，建立起更加举足轻重的公司。我们并不是说这很容易，但这是可以做到的。加入我们，一起探索如何才能拥有开阔的眼界、高层次的关系和更高影响，并成为人们的当然之选。在这段探索之旅中，你会被其他人的榜样所激励，并因为在自身、自己的岗位角色和自己所在的企业中发现了新的可能性而重新焕发出活力。请继续往下读！

目录

第八章

践行：响应召唤 / 203

第一部分
提升眼界

你刚点了一个比萨？多米诺自动追踪系统（Domino's Tracker）将详细记录比萨制作和送货的全过程。你刚买了一台苹果电脑？只需点击一下按钮，就能全程追踪它生产和交付的进度，而且由于它能和联邦快递（UPS）这样的物流公司无缝对接，你可以看到送货卡车的实时位置。提到苹果，你甚至可以了解当地水果店里一个苹果的产地是哪里，是哪位农民种植的，以及它是如何到达商店的，所有这些只要用手机扫描苹果上的追踪代码即可实现。即使是一名普通消费者，你也可以通过供应链轻松追踪这些日常产品，这太简单了，我们甚至都懒得驻足思考其背后的来龙去脉（除非我们想知道我们的新电脑究竟被搁在哪里，或者为什么送货司机花了这么长时间）。

现在，想象一下你正要做一个费用达到 35 000 美元的膝关节置换手术（或者你刚刚做完手术，正在努力补上因此而耽误的阅读材料）。医生会把一个装置植入你体内，该装置预计会在体内放置很长时间，花费高昂，并会对你的健康和生活幸福产生深远影响。考虑到手术费用和装置的植入位置，你可能会设想当自己从麻醉中醒来后，马上就能确切知道放入你体内的是哪个人工膝关节、哪些螺钉，以及其他哪些类型的材料。你可能想错了。从产品批号到精确的设备序列号，这种医疗装置（或医方所称的"可植入物"）实际上很难追踪。供应链很复杂，手术室内更加错综复杂，所涉及的参与者众多，这个过程因而变得既高度紧张又变化不定。为了适应你的精确需要和医师在处理特定状况时的习惯，林林总总的器械和用品需要快速进进出出，在手术开始之前，根本无法完全知晓这两项需要的具体内容。因此，用来识别哪些东西用了，哪些东西未用，以及哪些物品应由谁结账的唯一的记录系统，通常是手术室的垃圾袋。

你以为我们在拿垃圾袋开玩笑？真不是。直到几年前，甚至在今天，在世界上的很多医院里，追踪手术中所用库存物品的方法还是从垃圾堆中收集废弃的包装，从中找到的那些标签，可以为我们提供一份在紧张的手术期间所使用过的产品清单；另外还有手术室护士的记录，如果厂方医药代表在场的话，还有他们所作的记录；人们就是根据所有这些资料来创建购买订单，并确定植入你体内的是哪个医疗装置。

意识到这是个问题，不是一件太难的事。首先，它是一个完全没有实现任何自动化的过程，因此误差幅度很大。2013 年，在由 VUEMED 公司发起的整合交付网络（Integrated Delivery Network，IDN）峰会和逆向工程（Reverse）博览会上发表了一项研究成果，指出在所评估的所有程序记录中，全部存在计费不准确问题。更有趣的是，这些记录中有 80% 存在向患者超额收费的问题，有 90% 存在少算费用的问题。所以，在同一张发票上，同一个人既被多收费又被少收费的情况并不罕见！仅美国一国的医疗系统，由于浪费、损耗和低效而造成的年度净成本达数十亿美元，其中部分是由于像垃圾袋统计法这样的库存管理流程所导致，虽然具有讽刺意味，但这就是事实。

其次，即使确定某种医疗用品需要召回或有问题，也很难借助这些手动收集来的不准确的数据追查到病人。我们可以在汽车行业做到这一点（想想你偶尔收到的那些召回通知邮件），却没能在人体内经常使用的救命装置上做到这一点。

现在，让我们依据该系统的更广泛目标来思考一下这种浪费，及其对病人安全存在的潜在威胁。无论你站在医疗保健体系的哪个位置，你都会专注于所谓的三重目标（triple aim）。2008 年，健康改善研究所（Institute for Healthcare Improvement）创造了这个术语，并将医疗保健的三重目标定义为同时改善病人的护理体验、改善民众健康状况和降低人均医疗保健费用。显然，一直以来对可植入物的管理方式与这三个目标都存在冲突。这是一个复杂问题，对整个系统的服务供应商、产品供应商和病人都意义重大。能够解决这个问题的公司将创造出巨大价值，并成为真正举足轻重的公司。但这个问题非常棘手，目前还没有一家公司能够真正解决这个问题，需要由一家高瞻远瞩的公司带领整个行业来努力，这样的公司需要具备：挑战惯性思维的能力、乐观接受解决方案各种可能性的胸襟，以及探索悬而未决的问题并找到有效答案的能力。真正有价值的是能够定义并推动问题的完整解决，即使还拿不出完整的解决方案。

政府、保险公司、制造商、商品供应商，甚至患者都想了解难以追踪可植入物的原因。在这个过程中的每个步骤上，到底是每一个参与者所做的什么事情造成了困难，他们没有改善这些步骤的原因何在？是哪些行业惯性思维和信条阻碍了解决方案的形成？哪种类型的相互依存性在发挥作用？高瞻远瞩的公司具备敏锐的洞察力去提出这些问题、设想解决方案，并让其他人以恰当的方式参与其中来解答这些问题。全球医药交易中心（GHX）就是这样的公司，它由医疗保健供应商联合体发展而来。这家总部位于科罗拉多的公司在医疗供应链中把服务提供商角色和产品供应商角色很好地整合起来，已经确立了自己独特的地位，能够让双方按照承诺实时准确地交换数据，并推进医疗保健三重目标的实现。

从早期专注于提供公正、准确的数据交换开始，GHX 自成立以来已经多次涉足颠覆前沿。GHX 曾经参与解决行业中一些最棘手的问题：公司成立初期涉足电子商务；然后是合同同步性、价格准确性、数据共享和互用性；最近，又介入供应商管理方面的新机遇，以及诸如解决准确追踪可植入物问题这样的跨行业解决方案中。公司首席执行官布鲁斯·约翰逊（Bruce Johnson）认为，GHX 已经通过切身经历学会了如何从基础做起成为价值贡献者，从而赢得为行业解决更大难题的机会，解决这样的难题对整个产业很有价值，也可以运用自己的能力向服务供应商和产品供应商两方面都交付价值。由此，该公司已经积累了其他企业所无法企及的雄厚的行业资本，公司领导者也具备了在医疗保健供应链领域高瞻远瞩的眼界。依托这种眼界，他们就能够获得通路，找到必需的人员和人脉关系，以创造出价值更高、影响更深远的解决方案；这肯定会牵涉到行业内众多参与者，因为没有任何一家公司能单打独斗完成这样的任务。结果又如何呢？针对可植入物，该行业已共同定义了一个解决方案，并采取初步举措，部分挽回了浪费和低效造成的数十亿美元损失，其他一些改进措施也在计划中。这只是 GHX 这些年来所交付业务和价值中的很小（以及最近）一部分。

我们把 GHX 视作一个清晰的企业范例，该公司以高瞻远瞩的眼界进行投资并提供价值，在行业内确立了独特地位。自创建 GHX 以来，公司领导者不断寻找自身以及行业新的颠覆前沿。例如，2010 年，管理团队设定了一个出人意料的宏伟目标，布鲁斯和他的团队称之为"5 in 5"——在 5 年内，他们要让医疗保健成本节省 50 亿美元。这该如何做到呢？答案是要通过解决供应链中最大的成本挑战和不一致性来实现。带着这样一个非凡目标，该公司开启了系统化的变革，以实现这一成本削减计划，而在此过程中也将改善患者的治疗效果和体验。在后文中，你会了解更多有关这家令人神往的公司的情况，以及它如何利用独特的地位和眼界不断定义新的颠覆前沿（剧透：GHX 不仅实现

了 "5 in 5" 的承诺，还超额完成了目标）。不过，现在请把目光转向自身，思考一下你该如何定义自己的颠覆前沿，这是开发、培养高瞻远瞩的眼界的第一步。

拿出一点时间考虑一下你的买方可能需要你回答的关键问题，关于其新进入的市场、正在改变所处行业的立法，或者他们正在开发的产品。像医疗保健行业中的许多人一样，他们可能需要解决这三个表面上相互矛盾的问题：降低成本、改善治疗效果及让患者满意。也许他们正在评估一项新技术，或者试图找出明年的业务风险。你的买方正在寻找具有高瞻远瞩的眼界的人，来帮助他们把这些问题想清楚。他们应该到哪里去寻找答案？他们该向谁寻求答案？他们会来向你求助吗？你或你的公司是以高瞻远瞩的眼界而著称，还是作为一个值得信赖的合作伙伴，因为能给其他人带来不同的优势并能提出连他们自己都想不到要问的好问题而广为人知？你是不是知道在颠覆前沿发生的那些对他们而言最有意义的事情？

如果你的客户问你这样一个问题，"为什么……会这么难？"你只会实话实说，要么是"这方面我真的不太了解"，要么是一组更显多余的一般性想法和评论，这并不能使情况真正朝着可改善的方向发展，那么他们和你继续对话的可能性会有多大呢？显然并不大。但是，如果你的回答是"你知道，这段时间我们一直在研究同样的问题，下面是我们的想法"，或者"真是个好问题，我们目前正与一些客户共同解决这个问题，你想听我们谈谈我们的发现吗？"这些答案很可能会吸引他们带你去和他们的上司，甚至是其上司的上司进行交流。你会很轻松地向该组织的决策者提出建议，因为你有一个基于现实并且愿意分享的明确观点。

我们相信有些事情对买方来说很重要，有的还极端重要，而来自颠覆前沿的高瞻远瞩的眼界就是一种至关重要的能力。在前沿获得洞见，以一种引人注目的恰当方式分享，这对于你最重要的客户中那些最具影响力的人来说非常有价值。客户可以利用这种见识使自己的组织脱颖而出，并解决最复杂的问题。这就是"思想领导者"这个名词的真正含义。

你从颠覆前沿提供高瞻远瞩的见解的能力，对于获得能够搭上合适人员的门路，并在某种程度上影响他们是至关重要的，这也会为你打开机遇之门，使你能够创造出比竞争对手更多的价值。GHX 利用高瞻远瞩的眼界说服行业内的合作伙伴共同参与，一起去破解那些对其投资者和客户来说最有分量，对实现行业的三重目标能够产生最大影响的问题和挑战。你的目标应该是为自己定义一个正确的颠覆前沿，并围绕它培养高瞻远瞩的眼界。在你成为当然之选的过程中，这是非常关键的第一步。尤其是当客户可以迅速锁定适合自己的机遇，从而成为更重要事物的一部分时，就更是如此，GHX 所发挥的作用往往正是这样。我们现在需要共同努力来确定它对你的意义和作用。

当我们定义了你的颠覆前沿（即你可以对解决客户面临的最重要的问题贡献出最多价值的方面）之后，我们会将注意力转移到你如何才能尽可能多地了解它，然后以批判性的眼光共享你从强大的平台上培养出来的观点。读完本书，在对你最重要的客户具有重要分量的领域，你应当拥有高瞻远瞩的眼界，并且你将具备声望和途径来培养和发展自己的下一个能力，即更多的人脉联系，而这反过来又会令你拥有更高的影响力。当你拥有了所有这三种能力，你将始终比竞争对手更有分量，并能够持续建构能力和文化以保持这种状态。这将使你连年成为你所在行业、员工和社区的当然之选。让我们开始吧！

第 一 章

定义：发现你的颠覆前沿

　　在前文中我们探讨过，如果最大价值是在最复杂的地方创造出来的，那么在医疗健康领域必定存在着诸多创造价值的机会。我们可以从观察保险行业的运行机制入手（包括患者保险和医疗从业者治疗失当保险），扩展到医护人员的教育培训方式，再到医院护理及其治疗结果，之后可能再花时间讨论一下农村社区上门诊疗，统计提供医疗护理的总成本（另外，有事实证明，美国医疗保健投入在 GDP 中所占比例几乎比其他任何一个国家都要多），或许另外还想改变一下患者的期望（你肯定曾经通过网络搜索，给自己做过自助式医疗诊断，我们都这么做过），但是，对于正在发生的巨大改变，我们却连皮毛都不知道。在医疗保健方面，有许多地方存在着既有趣又有意义的颠覆前沿，值得我们去探索发现。

　　没有人比前文中提到过的 GHX 公司更了解这一点。GHX 是在互联网泡沫最汹涌之际成立的。那时，医疗保健领域的买家正遭受着现任 GHX 首席执行官布鲁斯·约翰逊及其创始团队成员所说的来自"PPT 承诺"的狂轰滥炸，他们的承诺是诸如此类的"大话"：从硅谷崛起的这些"性感"的初创公司，向你承诺的是一个数据天堂。系统中的每笔交易和每个库存都可以经由电子数据交换进行即时的追踪和追溯，系统中不会再有浪费。布鲁斯和他的创始团队对此有更深刻的了解。2000 年，这样的"PPT 承诺"所描绘的愿景尚未进入颠覆前沿，还深隐于我们称之为"无价值颠覆"的领域之内，技术、程序、基础设施以及其他环境因素还未发展到可以把这个愿景变成现实的程度。处于另一个极端的则是一些更保守的方式，那些单枪匹马的生产商试图将其专有网站作为一个竞争优势来实现同样的目的，这又太过因循保守了，因此无法为这个行业带来有意义的进展。但是无所作为也有风险，第三方可能会趁机进入，并影响该行业与其消费者之间的互动——这同样不是一个好的选项。

GHX 便是基于互联网创业初期的鼎沸热潮和行业现状之间的某个颠覆前沿而创立的。为避免重复的电子商务投资和第三方的非中介化，防止已经呈急剧上升状态的医疗保健系统成本进一步恶化，5 家有竞争力的生产商联合建立了一个惠及整个行业的数字数据交易所。

GHX 已成功成为行业内大部分客户的当然之选。通过该公司所达成的年交易量已从第一年 2 000 万美元的目标数额增长到现在的每年 6 000 多万美元，公司业务系统每年处理超过 1.68 亿笔交易。令人发笑的是，那些在 2000 年对 GHX 避之唯恐不及的人现在却更喜欢追忆自己当初对 GHX 的鼎力支持，在回忆过程中他们当然会小小地篡改一下历史！作为 GHX 成立以来发生转变的一个示例，布鲁斯喜欢评论这样一家企业的转变，这是一家早期加入交易的公司，由于害怕失去对其数据和合约的控制权，其在 2001 年走出了小得没法再小的一步，只是犹犹豫豫地尝试分享一些数据。但如今，它把供应链作为自己的差异化元素，已经成为交易所中最积极、最具活力的交易者。尽管有时会很艰难，但 GHX 将顾客一同带到了颠覆前沿。通过此举，GHX 为顾客提供了独有的途径，成为各自客户的当然之选。

GHX 公司正在蓬勃发展之中，拥有超过 417 000 个与交易所连接起来的独特的贸易伙伴对子，拥有 22 000 处医疗保健设施，有 85％的医疗/外科手术产品由整合起来的 GHX 供应商所代理。凭借这样的指标，GHX 无疑已经拥有从医疗保健行业的颠覆前沿撮合交易的可靠记录，能够提供更多的价值，并因此成为公司所服务的用品供应商和服务供应商的当然之选。GHX 的服务对象包括用品供应商和服务提供商这两种市场主体，正如布鲁斯·约翰逊在接受采访时告诉我们的，GHX 能提出适用于整个供应链的解决方案，这种能力使得公司对于是什么因素在推动整个行业发展有了高瞻远瞩的认识，而不是简单地帮助一方战胜另一方。

既然 GHX 已经知道哪些是顾客最看重的事情，并致力于实现这一目标，其更高的影响力就已将这个行业推到了新的潜在颠覆前沿，这一过程又为 GHX 打开了创造更多价值的机会之门。我们曾在前文中提到过，到目前为止 GHX 已经成功应对了好几个颠覆前沿。布鲁斯这样向我们解释："应该由一个问题来驱动你确定颠覆前沿，即凭借我们的独特地位，我们应该采用一个可放大的方案来加以解决的问题是什么？"随着 GHX 的不断发展，其解决涉及多个行业参与者的问题的独特能力在不断提高，这是一种支撑其与用品供应商和服务供应商的结盟关系的能力。

"独特"这个词值得我们驻足思考，你在追寻自己颠覆前沿的过程中还需要继续加以思考。请记住，"独特"的标准之一就是你愿意接受他人都不愿接受的挑战。尽管它不应该是你唯一的标准，却可能是一个强有力的标准。另一个需要我们仔细考虑的词便是"可放大性"。你能想象出一个可以放大到足够规模，从而产生适当影响的解决方案吗？记住这个规模是相对的——如果你是在消费品行业，它可能意味着即便是在不景气的年头也有数以百万计的买家；而如果是在 787 梦幻客机这样的定制化喷气式客机行业，则可能意味着即便是好年头也只有几十个买家。"可放大性"的意思就是，无论你所在市场的实际规模如何，你都可以通过你的解决方案来充分应对，使自己变得更有分量。

回到 GHX，通过以创业启动模式开展工作，巩固并不断发展壮大自身，在第一个 10 年，该公司便在市场上获得了充沛的发展动能。在这一过程中，它逐渐培养出了出色的发现能力，可以洞见那些能利用其独特能力的新的颠覆前沿，这样的独特能力包括当置身于由竞争对手、用品供应商、服务供应商、分销商以及其他参与者构成的纷繁复杂的环境之中时，能够居中协调。从对解决问题所具有的独特意义来看，GHX 的团队已学会将其固有的中立性视为明显长处而不是制约因素。在破解、跨越了第一个必须跨越的颠覆前沿，具备了在用品供应商和服务供应商之间进行电子商务交易的能力后，他们迅速向新的更具雄心的颠覆前沿挺进。正如我们之前提到过的，最近，针对患者住院诊疗中使用的可植入物如何进行记录这一问题，GHX率先在行业中承担起了提供解决方案的使命，这使得该公司稳居行业领导地位。在第二章中，我们将会对这一解决方案及其在药品追踪方面的进展情况进行更深入的探讨。正因为GHX确定新的颠覆前沿的频率是如此之高，这几乎已经成为其核心竞争力！

在确定任何颠覆前沿的过程中，GHX始终致力于寻找那些对选用交易所的用品供应商和服务供应商来说，或者对包括你在内的广泛潜在患者来说，都最有分量的挑战。你可能会感到疑惑，与电子数据交换相关的所有这些工作怎么会与你有关系呢？难道它不就只是与用品供应商如何快点得到货款，服务提供商如何得到更准确的账单有关吗？果真如此吗？它与患者的治疗效果或者就医体验又有什么关系呢？

请考虑以下情况。假设你要去看医生，而你对乳胶过敏。通过产品数据能准确共享并且众人都能使用的操作系统，你的电子病历便会与你看医生时需要用到的医疗用品库存目录匹配起来。这有助于确保为你准备医疗器具的护士能在托盘上把这个问题标记出来，从而在库存中找出相应的无乳胶手套，并确保医务人员在你接受治疗的全过程中都使用这种无乳胶手套。如果没有得到准确的供应数据，你与乳胶接触的风险可能会成倍增加。很显然，GHX和供应链上其他公司所做的工作不仅影响资金的流动，还会影响患者接受的护理质量。由于 GHX 能够将解决方案扩展到库存问题，因此它要应对的颠覆前沿涉及三重目标的所有方面，而不仅仅是成本控制。

针对正确的颠覆前沿培养出高瞻远瞩的眼界对于我们取得成功至关重要。在信任问题成为行业参与者之间主要障碍的情况下，GHX 必须学会在竞争对手、客户以及客户的客户之间左右逢源。通过赢得的信任、交付的成果、创造的价值，GHX 已经将自己定位成行业解决方案的中立仲裁员，而这些解决方案需要广泛的参与和支持才能得以实施。这样的地位使 GHX 能够在整个行业内推行解决方案，以应对那些更复杂同时也更有分量的挑战，比如追踪和追溯可植入物的能力。对于 GHX 来说，这是一个有待解决的完美颠覆前沿，因为该公司拥有专门的数据、人员和市场访问渠道，能够挑战行业惯性思维，能够积极乐观地思考如何解决问题，并敢于针对那些仍然没有得到解决的问题提出全面的解决方案。

你可能会认为医疗保健行业机会非常之多，因此很容易就能找到一个不错的颠覆前沿并加以充分利用，比如，谁不想解决类似追踪可植入物这样的问题呢？但让我们换个角度来思考这个问题。请退后一步，想想医疗保健行业内存在的一些不同的颠覆前沿。试想一下，有时 GHX 或者其客户并不能从 GHX 的发展中受益，比如，对医学教育成本进行深入细致的分析，这种分析能以一种真实可信且有意义的方式对当前所有问题形成综合性的认识。GHX 能做到这一点吗？或许能吧。因为 GHX 拥有很多聪明的员工，他们能够关注到这个问题。可是 GHX 在这个问题上的努力，能否促进其在解决问题方面取得积极进展，抑或推动该公司及其客户在核心战略深化方面取得重要成果呢？不太可能。GHX 在事关医学教育成本的问题上，是不是能得天独厚地持续占据这样一个有意义的位置呢？答案是否定的。在医学教育方面的眼界能否帮助 GHX 与其客户就如何积极实现三重目标进行正确的对话呢？或许也不能。尽管在医学教育领域有很多颠覆情况在发生，但对于 GHX 而言，这不是值得探索的最佳颠覆前沿——对其他人来说它可能是最好的，但对于 GHX 则不然。对颠覆前沿的精挑细选至关重要——谨记布鲁斯为 GHX 制定的关于独特和可放大性的标准。当你在寻找合适的颠覆前沿时，学会说"不"很重要，这也是我们在后面几个案例研究中会反复探讨的一种技能。

同样，对于你来说，世界上有许多问题需要去解决，也有许多令人兴奋的新的机会和领域有待探索，但你需要有选择地确定你的颠覆前沿。确定你的颠覆前沿意味着：展望未来，确定你具备的能力和威信能将你置于何种独特地位，让你可以充分利用自己在那里所看到的各种变化，并培养出一种独特眼界，能够看到这些变化即将带来的颠覆。然后就可以运用这种眼界为你最需要影响的人提供有益见解。

让我们来想想你在何处可能发现自己的颠覆前沿。确切地说，不是说为了有高瞻远瞩的眼界，你就必须成为所处业务领域和有关顾客的各个方面的专家。相反，我们想说的是，你需要找出对你的客户来说可能最具分量的颠覆前沿——在此你可以增加最多的价值，对它也最具发言权——就到这样的地方去。不同的人拥有不同的颠覆前沿，这取决于各自的兴趣、行业、竞争力、客户基础、战略目标以及市场地位，所以弄清楚自己的颠覆前沿在哪里至关重要。

在确定你的颠覆前沿时，你需要仔细观察周围发生的事情。这可能会让你感到不安甚至害怕，但这是使你成为他人当然之选的关键一步。寻找颠覆前沿之处包括合同流程（尤其是当你处于 B2B 的企业经营模式时；稍后我们将分享在这方面如何产生惊人成果的实例）、客户体验、产品定位、技术、客户关系、服务模式、内部数据和信息、法律法规即将发生变化的领域、相邻行业以及价值链上其他部分可能发生的变化。我们相信，不管你去哪里寻找你的颠覆前沿，最终都应该产生市场价值。颠覆前沿必须对你的客户产生影响，如果可能的话，它对客户的客户也要产生影响。GHX 的领导者想去能够推进所有这三重目标实现，并以独特而有价值的方式为客户提供可放大的解决方案的那些地方寻找颠覆前沿。没错，医疗保健领域有很多复杂情况值得探索，但并非对于这个行业内的每个参与者来说它们都是好机会。而那些看起来平淡无奇并且不那么复杂的行业，其实也已走到了挑战惯例，创造新产品、新市场和新的工作方式的颠覆前沿。

在开始考虑确定自己的颠覆前沿时，我们先来看一个每个人都有过切身经历的例子——去日用百货店购物。1916 年时，人们在去日用百货店购物前通常会先列出一个清单，将清单带到日用百货店交给店员，店员会按照清单拿货、装袋，最后给顾客报一个总价。整个购物过程就是这样完成的。如果在 1916 年你问一个百货商是如何做生意的，他可能会强调店员对所有库存一清二楚，并且能给顾客提供良好购物体验的重要性。如果那时你问顾客他们需要或者想要什么样的购物体验，他们可能会说：希望店员办事更利索，商品价格更低廉。

虽然人们对于如何在日用百货店购物有一些根深蒂固的想法，但一个名叫克拉伦斯·桑德斯（Clarence Saunders）的人却对在此行业内开创自己独特的品牌颇为乐观，此外他还想打破人们在日用百货店购物的一些惯性思维。他将顾客的购物体验视为自己的颠覆前沿，并于1916年开了一家名为 Piggly Wiggly（小猪扭扭）的商店。这是第一家给每个产品标价并使用结账通道的日用百货店，如此一来顾客就可以自己在商店里随意走动浏览，选择自己想买的东西——他们可以使用一种由桑德斯发明并命名为"购物车"的新工具。他是创立这种自助服务模式的第一人，这打破了行业和顾客对理想购物体验的"外观"和感受所持的旧观念。桑德斯不会简单询问顾客想要什么——如果真是这样的话，他们想出结账通道的可能性就会非常小。他没有去做自己的竞争者正在做的事，要么让产品更好，要么让价格更低，要么让店员更亲切。相反，他关注的是零售业以及顾客的消费方式正在发生的变化，然后将其与他所了解的企业经济学相结合，鼓起勇气挑战人们关于日用百货店购物的惯性思维，并以一己之力彻底改变了传统的购物体验。

尽管一开始显得那么富有颠覆性，但将近100年后，桑德斯的自助服务模式已是行业内的常规。1916年时他真的是处在颠覆前沿，结果是创立了一个持久的模式。如今却发生了一个有趣的逆转，今天的零售店又开始试用"业务代办服务"，顾客可以在网上下单，然后开车到路边取货，会有专人负责将货物装进你的车里（听起来熟悉吗?）。为什么要这样呢？因为百货商看到了正发生在其周围的颠覆性影响，他们开始在购物体验方面重新确定新的颠覆前沿。

随着百货零售行业不断调整以适应这些不断变化的购物方式，一家名为家佳百货（Homeplus，属乐购公司旗下）的公司决定采取一种全新的方式。它为自己重新确定了一个新的颠覆前沿来进行探索——在技术、文化规范转变、相关行业活动以及传统业务模式复兴方面进行投资，同时致力于对传统业务模式进行革新，以解决如何打造全新购物体验的问题。在传统的结账环境下，竞争对手为顾客安装自动扫描仪以供使用，而家佳百货却大胆出击，走进顾客的实际生活中。下面我们就来看看这个在真实世界中确定颠覆前沿的研究案例。

2015 年，家佳成功变身为韩国第二大百货零售商，每周有超过 400 家门店服务于 600 万顾客。但是当镜头闪回到 2011 年，该公司还在担心会被在线零售商（电子零售商）抢走销售份额。家佳其实也有一个用于订购产品的常规网站，但根本不是专业网上零售商的对手。从很多方面来衡量，韩国都是世界上互联网最普及的国家，4 000 多万国民中有 84％的人在使用互联网。韩国民众尤其喜欢使用智能手机在网上直接订购各种零售商品。但在 2011 年，食品百货业错过了电子零售的繁盛期，在线百货销售量仅占到家佳所拥有市场的 2％～3％。

从表面上看，似乎没有必要推进电子零售业务。事实上，家佳对此好像也没什么兴趣，不管在传统业务运营上，还是在与其他传统日用百货店竞争方面，它都有很多事情需要关注。行业中那些持防守心态的思考者，一心就想按照现有模式走下去，试图继续在传统环境下降低成本并改善内部操作，因为这里是他们的舒适区。

但据说家佳的高管对市场上悬而未决的问题比较好奇。他们已经注意到其他相关市场的一些动向，认识到了电子零售在自身所处市场的重要性。对智能手机应用程序惊人的接受程度和广泛使用在韩国已成为一种文化现象。与此同时，在美国，纸尿裤和剃须刀等主要产品的在线销售额也逐日激增，网上订购业务量已占据市场份额的30％以上。这种新的前沿行为正在接近爆发前的临界规模，家佳看到了一个指导消费者如何应对全新的网上零售环境的机会。

以构建电子零售的框架为契机，家佳对当今日用百货零售的未来充满乐观情绪，并对如何进一步加速其发展很有兴趣。这与大多数零售商希望尽可能阻止、拖延生活用品零售向线上发展的愿望形成了鲜明的对比。公司的高管从行业日常实际出发，提出了一个非常重要的问题，对根深蒂固的行业惯性思维发出挑战。他们考虑的不是如何劝阻消费者上网购买日用品，而是提出这样一个问题："我们如何消除网上订购日用品的障碍，并率先把日用品店开到网上？"我们认为，解决这个问题在2011年成了家佳的颠覆前沿，而且这是一个完美契机，能够把该公司对市场的了解、对技术的热情以及对购物体验的兴趣汇聚在一起。

公司的高管将包括公司在首尔的广告代理商在内的合作伙伴捏合成一个团队，并提出了一个想法，能让时间紧张的消费者更方便地下单。该团队假设消费者不愿意花时间拿出电脑登录百货网站，然后滚动浏览静态的产品列表，以找到他们想要购买的产品。这太麻烦了！更糟糕的是，不管在传统模式还是新兴模式中，这些环节都没有任何意义。要针对网上购物的消费者取得进展，家佳必须设计出一种新的网上购物模式。

该团队特别关注文化规范和技术发展趋势，以获得对消费者的深入了解。韩国人高度依赖公共交通工具。在等地铁时，他们喜欢拿出手机，或许是为了做一些重要的事情，或许只是浏览网页或查看社交媒体，或者只是玩游戏。对于家佳来说，这是一个值得一试的潜在颠覆机会。

家佳公司投资开发了一款专门的应用程序，并在地铁站周围布置各种日用百货图片。如此一来，乘客在墙壁贴满产品图片的地铁站闲逛，就像在日用百货店里的货架过道中浏览一样，一旦发现感兴趣或者喜欢的产品，就可以在手机上下单购买。在广告代理商的帮助下，家佳能够模拟日用百货店购物过道的视觉效果，每件商品上都标有二维码，消费者可以用手机扫码。当选中货品后，应用程序会自动将其添加到消费者的购物篮中。如果消费者已预先在应用程序中填写付款明细，那么只需单击一下，就能成功购买。在促销活动期间，该公司的网络销售额上涨了130％。克拉伦斯·桑德斯应该会感到自豪的！

————

如果你想完全重构你与顾客之间的互动关系，应先想象一下你需要询问的各种问题，以及你需要挑战的惯性思维。这些面向市场、能打动客户的时刻非常宝贵，大有潜力可挖，也是你寻找颠覆前沿的绝佳机会。你可能想了解顾客的想法，但请记住，他们或许也会竭力设想出一些不同的东西，所以不要止步于此。要询问你的员工，要与行业外的人士交流，并了解正在影响你的业务的那些文化方面的变化。要仔细审视自己的惯性思维，并不断进行测试。你有没有把自己行业的"回音室"（Echo Chamber）推到足够远的地方？你是否被困在了如今已众所周知的模式上？在确定颠覆前沿时，光靠自己很难成事，最好的办法就是通过协作来集思广益。要听取外界的声音：行业观察者、顾客、董事会成员、员工、供应商、技术专家、咨询顾问等，都将会帮助你真正专注于那些能为你的公司和客户创造最大价值的地方。

如果你觉得确定你的颠覆前沿这个难题无法回答，那恰好说明你正处在正确的位置上。如果你觉得颠覆前沿可能会永远改变你所在行业的基本面，那说明你已经抓住了问题的关键。无须担心，一旦到达那里，你就有能力留在那里，同时还能继续朝前看，并推动你的客户、你的行业以及你的市场朝着新的方向发展。但为了到达那里，你首先需要了解三件事情。

仔细观察过那些已经成功确定其颠覆前沿，并能为顾客尽可能创造最大价值的公司后，我们发现它们在发展过程中都拥有三个特性。我们在本书中提到的每一个人和每一家公司也都具有这三个共同点，如果你希望成为市场上的当然之选，就要使自己具备这些共同点。你必须掌握的三种"武器"是：挑战惯性思维的勇气，对所在行业以及你在行业内所处的地位保持乐观的能力，探索悬而未决的问题以及更多了解周围世界的愿望。下面我们会依次进行探讨。

敢于挑战惯性思维

最重要的是，当开始确定你的颠覆前沿时，你必须敢于坚定挑战你所在行业的那些惯性思维和根深蒂固的信念，包括如何盈利以及如何提供价值。你必须跳出当下环境的限制，并乐于不断激发自己的想象力和你对可能性的理解。

让我们花点时间回到1916年，想象一下克拉伦斯·桑德斯的惯性思维清单中可能会出现什么内容。我敢打赌，在他的清单上一定会有"服务的最高水平就是亲自服务顾客"以及"顾客喜欢将他们想要的东西列进清单"这两项内容，因为他认为在商店瞎逛只会浪费宝贵时间！

那么GHX呢？根据布鲁斯的说法，在早期，很多业内人士都认为没有人会真的愿意分享他们的数据。他们觉得生产商会为了自己的利益而对数据交换施加不公正的影响，而服务提供者也会因为担心失去对产品供应商的影响力而不愿参与其中。大家似乎都很担心失去对其数据的控制权，这是一种被明显夸大的惯性思维，因为其实即便数据是在内部进行管理，他们中的许多人对数据实际上也并没有太多的控制权。创立公司的一些领导者后来甚至承认，一开始他们并不相信GHX会成功。幸运的是，GHX最后确实取得了成功，部分原因就是它愿意正面挑战这些惯性思维。

对于家佳而言也是如此。你会听到批评家们这样说："人们更喜欢亲自去购买水果和蔬菜，这样能够精挑细选。"也可能接触到以下这种惯性思维："手机应用程序的增长与购买日用百货没有任何关系。"每当你快要接近颠覆前沿时，这些惯性思维的噪声就会变得更大，更加难以忽略。

现在就开始为自己努力吧。拿出一张纸，写下对你的业务而言你认为最不可能改变的 5 个事实。当你诚实面对自己时，你应当承认，这些事实其实很有可能会让你对那些近在眼前的机会视而不见。这些机会被你的行业和组织身处其中的那个孤立世界藏在那些很明显的地方，真可谓"远在天边，近在眼前"。这些你因为太过珍视而不忍挑战的理念往往与你当前的成就密不可分，但这就是指向颠覆前沿的指针，也恰恰是你需要仔细审视的。你在读本书之时，手里就要拿着这张纸；如果你读的是纸质版，还可以把它当作书签，你可能会觉得有必要时不时拿出来看看它。

我们都知道，要挑战惯性思维困难重重，但你必须这样做，因为那些你敬若神明的理念和无意识的偏见会使你对那些近在眼前的机会视而不见。你可以大胆挑战那些关于业务如何开展，以及哪些事物会令你与众不同的惯性思维——也即你对自己以及竞争对手的看法。你还可以从客户的视角调整自身的定位，并审视那些有关他们对你所寄期望的惯性思维。此外，我们有必要征求外部人士的意见，来获得对行业融合、立法或文化趋势的一些看法，而这些意见正是我们很难从行业内部了解到的。你应该对你在这些领域的每一种惯性思维都进行广泛收集和清点，然后通过与他人交流、开展研究或者通过获取不同的信息资源来测试这些惯性思维，以帮助你从不同的角度来看待它们。给自己做个测试：如果你没有感到一点不舒服，如果你的清单上没有任何东西让你觉得"这是不可能改变的"，那就说明你向前推进的幅度还不够大。

乐观地拥抱前沿

除了要拥有挑战惯性思维的勇气外，确定颠覆前沿还需要你对行业未来以及你在其中所处地位保持乐观。人们有时羞于表现得过于自信乐观，因为他们担心这样会显得有些天真幼稚。但如果你对所在行业和你的业务能够蓬勃发展的前景不乐观，那么确定颠覆前沿的工作也就毫无意义。

价格战的产生就是由于悲观主义。正因为人们不知道还有什么经营之法，也不知道如何为自身的服务获取收入溢价，所以只能盯着降低成本下功夫，并期望通过价格优势获胜。我们时不时会碰到这样的人，他们对自己行业的未来以及自身的市场地位极度悲观。这种心态是很要命的，因为它会让你把所有精力都放在全力维护你目前所处的地位上，从而阻止了一些最优秀的人花时间思考什么是"可能的"。

我认为没有真正的悲观之人与乐观之人，却存在悲观的问题与乐观的问题。找到你的颠覆前沿，然后借助你在那里所学到的东西蓬勃发展，这就需要你提出更多乐观的问题。所谓乐观的问题就是有关未来的成长问题。比如，"我们如何以对我们有利的方式来使用它？""在这一颠覆中隐藏着怎样的机会？"以及"我们如何才能提前布局应变，并从先发优势中获益？"而所谓悲观的问题就是有关当前经营模式的生存问题。比如，"我们如何才能阻止顾客转向这种基于新科技的更友好的客户体验？"或者"我们如何利用自身的市场优势来扼杀这种新出现的创新思想的传播？"我们都明白务实的必要性，有时候你必须在今天的顾客所处的市场上与竞争对手交锋并超过他们，而不是在几年之后的市场上。但如果你能乐观地相信未来很可能会比今天更好，你就能冲破今天的藩篱，尽管保持不变在今天看起来既合理又有好处。

家佳曾经提出过一个关注未来可能性的乐观问题："我们如何帮助消费者用不同的方式来购买我们的产品？"也曾问过一个只专注于现状的悲观问题："如何让消费者进入我们的商店，并以我们最熟悉的方式从我们手中购买更多的产品？"开发小猪扭扭这种新型自助购物模式就是抱有乐观态度的表现。抱有乐观态度的公司会问一些关于购物的"如果……会怎样"的问题，如"如果可以降低服务成本会怎样？""如果可以提高客户的满意度会怎样？""如果这些都能够以一种完全不同的方式实现会怎样？"而不会问下面这样的问题："我和竞争对手提供的顾客体验一样，如何吸引更多的顾客？"对于这个问题的回答必定会导致"降低价格"这类策略的产生，这只能让桑德斯和其他日用百货商陷入你死我活的价格战之中。

GHX 公司创立之际也做了同样的事情。创始团队提出的问题是："我们如何能够避免重复，创建一个不仅能降低服务成本，还能让行业创造更多价值的数据交换系统？"而不是问一个更受稀缺性驱动的问题："在这个过程中如何保护我们的数据和我们自己？"同样的乐观精神在如今的 GHX 也依然生生不息，当它努力迎接关于体内可植入物和制药领域的行业新挑战时，当它致力于在其他市场上（比如欧洲市场）创造更多价值时，这种乐观精神就会显现出来。GHX 有一种信念，那就是它可以大有作为，特别是在如何确定自己的颠覆前沿方面更加大有可为。

在研究过程中，通过案例研究和实际工作，我们不断发现，对于那些决定再造企业的人来说，乐观是成功的基础要素。通过保持更为乐观的态度，领导者们提出了更好的问题，这些问题促使他们在颠覆前沿发现机遇，而不是只看到威胁。我们一次又一次地发现，乐观和勇于挑战惯性思维的意愿是成功的关键。

乐观的心态对各行各业所有模式和规模的公司都切实有用。下面让我们转换视角，来研究一个规模虽小但影响力并不小的公司案例：美国西南部的一家中型水管经销公司。

标准水管供应公司（Standard Plumbing Supply）并不是像家佳这样营收规模达数十亿美元的巨头，它是位于犹他州的一家家族经营式水管供应企业。公司正走向垂直整合，也面对着一个令许多老牌市场领导企业都谈之色变的竞争对手：亚马逊（Amazon）。没错，亚马逊不仅让巴诺（Barnes & Noble）和百思买（Best Buy）等面向消费者的零售巨头寝食不安，还对电子和管道分销商等 B2B 企业用户造成了威胁。劳氏（Lowe's）和家得宝（Home Depot）是不好对付的竞争对手，但现在这家管道分销商正与电商霸主亚马逊及其提供的世界级的用户体验展开较量。

2014 年，随着亚马逊不断攻城略地，一些管道供应商邀请 Karrikins 集团（后来的 ChangeLabs）代表来做年度行业大会发言，并就如何应对这一问题提供指导。在进行预备会议简报的过程中，Karrikins 集团组织多个企业主汇聚一堂，共同探索他们所感知到的挑战和机遇。在大部分讨论中，标准水管供应公司的首席执行官理查德·里斯（Richard Reese）都很专注投入，乐于倾听。"亚马逊向分销商以及它们当前在价值链中扮演的角色展示了什么机会？"这个问题一抛出来，其他管道供应商的反应千篇一律，有些甚至干脆认为"亚马逊就是魔鬼"。

理查德的反应与他们大相径庭。他指出，虽然亚马逊的确是一股颠覆性的力量，但在这股颠覆性力量之下，大家反而很有机会发展自身的业务，不管是在线下还是线上。他的高论让我们感到震惊。这可能是我们第一次听到有人如此积极乐观地谈论竞争对手和它们带来的变化，更何况是像亚马逊这样咄咄逼人的竞争对手。不过，如果我们知道这个家族企业的历史，可能就不会那么惊讶了。

对于标准水管供应公司来说，颠覆并不鲜见。事实上，该公司本身就是作为一种颠覆性力量而出现的。1952 年，获得纽约大学零售学院研究生学位并在梅西百货（Macy's）短暂就职后，戴尔·里斯（Dale Reese）回到了他的家乡犹他州，和小猪扭扭在百货零售业所掀起的颠覆一样，他让管道供应业实现了自助服务。许多年后，里斯的儿子理查德领导下的标准水管面临着一个紧迫选择：是忽视已经开始在行业边缘冒头的新兴在线商业力量，还是直面它们，转向它们的颠覆前沿并欣然拥抱这个还吉凶难料的在线渠道机会。

该公司选择满怀信心以乐观态度走向前沿，并建立了一个在线业务部门。尽管新搭建的简陋渠道很难说是一个"部门"，但这是一个象征性举动，意味着未来将会到来，而标准水管将是其中的一部分。他们选择在哪里出售其大部分商品呢？没错，正是亚马逊！

就像当时"触网"的大多数创业公司一样，标准水管并没有意识到，通过此举，自己现有的几乎所有产品类别的交易和产品信息（SKU）都能在亚马逊网站上找到。亚马逊公司会追踪 SKU 和产品类别，当某项产品的交易量足够大时，亚马逊就将开始与那些列在其网站上的供应商开展竞争。B2B 工业产品的市场规模是整个零售市场规模的两倍，因此亚马逊瞄准其中大部分份额便不足为奇。

虽然一个人可能会因为喊冤叫屈而被同情，但是标准水管的领导团队认为抱怨没有任何价值。他们选择了面对事实并做出面向未来的决定，而不是竭力挽救一个最终会崩溃的世界。里斯一直在颠覆前沿学习，最终认识到两个事实：首先，在线上市场，一切都与搜索有关。如果你的搜索排名高于竞争对手，你就赢了。在搜索领域，亚马逊不可战胜。在谷歌这样的网站上，亚马逊主导了自然排名，并且可以在自己的网站上控制排名。第二，里斯也知道，要想真正赢得北美地区水管工的支持，标准管道需要有足量库存，而且要让他们有更广泛的品类选择，而不是仅有量最大的库存单位，还要包括亚马逊公司传统上拒绝运送的笨重大件。

这就是标准水管的机会，也是它的优势。理查德·里斯还提出一个更乐观的问题：标准水管能否成为亚马逊的合作伙伴，而不是竞争对手？

答案是非常肯定的。对于亚马逊来说，标准水管可以为其解决两个相当重要和高价值的挑战。首先，标准水管可以为数量较少的大件物品承担库存带来的风险和储存成本。其次，在标准水管有实际运营场所的那些州，它可以作为一个直接的分销商，直接为亚马逊配送那些运费高昂的同类物品。

在我们与理查德的对话中，他指出，在公司规模可观的在线业务中，目前有 85％的交易是与亚马逊合作，公司作为亚马逊的代表进行交易。目前，标准水管主要关注承担库存风险和相关成本，向亚马逊的客户提供 63 000 个库存单位以备选购，其发货范围并不局限于开展业务的 8 个州，而是包括整个美国和加拿大。这家小型的犹他州家族企业不只成为其传统市场的当然之选，也是其所在市场上最大的颠覆者，就因为它替亚马逊解决了一个相当重要的问题——以一种对亚马逊及其客户均有效的方式渗透进这个重要且不断增长的市场，这意味着能够在当地有效地管理库存和配送。

里斯不仅对亚马逊提供的颠覆性机遇表示乐观，而且对该公司的经营方式也有非常积极的评价。他承认，在与亚马逊开展业务合作时，始终都得依照亚马逊的方式，没有其他选择。但他补充说，是宽广的心态（这是乐观的表现）促使公司与竞争对手进行业务往来。对于亚马逊，里斯解释说："说它是一座围城当然也对，但只要它同意与你进行交易，当然就会乐意分享利润。"

标准水管供应公司线上业务的爆炸式增长，也使该公司有机会大力发展其实体批发业务。随着公司销售规模的扩大，又吸引到更多客户，这为公司带来了更好的成交价格和足够的资本，公司也就有实力扩大线下市场的供应规模。这就是双赢。理查德·里斯从他父亲那里接手公司时，他们有 13 家商店。2015 年，他们在 8 个州拥有 80 多家公司，如今在整个北美范围内都开展业务。"我父亲从来没想到会有今天这样的局面。"理查德说道。他可以用同样乐观和进取的态度来养育儿子，就像他父亲在 1952 年时所做的那样。

这种企业家式的进取精神不仅体现在理查德对亚马逊威胁的乐观响应上，也体现在他对大萧条以来幅度最大的房地产市场衰退所做的反应上。正如你所能想象的，2008 年 7 月房地产泡沫破裂后，水管行业受到重创。当时，许多制造商和分销商就像标准水管一样，都在为了生存而苦苦挣扎。但在这段时间里，标准水管是最为乐观的。对于如此严重的经济衰退带来的社会后果，他们一样苦不堪言，但绝不是坐以待毙，而是在所谓乌云压顶的环境中，尽量寻找一丝希望之光。

随着越来越多的制造商开始进入销售领域，理查德利用公司强大的分销地位，开始了对业务进行垂直整合的过程：双管齐下，在线上与亚马逊合作，在线下不断扩大实体店布点，通过收购其他分销商并将其并入标准水管的流程来提高公司的销售额。他还以很低的价格购置房产，在越来越多的州际业务布局中，将批发商店设在交通更加便利的地点。在调研中，当听到理查德认真地提出 2015 年的经济增长会比 2010—2013 年期间更加艰难时，我们忍不住会心一笑。他是在以半开玩笑的方式提示我们，业务增长最好的年份其实是那些公司和房地产都以低于真实价值的白菜价被大甩卖的时候。

即使是在最艰难的时候，他也很乐观。毫无疑问，他已经使他父亲开创的企业不仅成为当地商人的当然之选，并且也成为颠覆者（亚马逊）的当然之选。

乐观心态支撑着后续的一切。如果你发现很难对自己的事业感到乐观，那就花一分钟想想是什么令你担忧。是现在的业务模式无法存续，是新的竞争对手压低了利润率，还是法律负担降低了你为客户服务的能力？事实是，这些事情很可能会层出不穷。恢复乐观态度的诀窍在于认识到颠覆其实是正常的，而且人们总是在寻找解决问题的新方法。没有任何一种产品、服务或者业务模式能够永存，变化是环境持续释放出新的、更具活力的价值形式的方式，所以你必须继续前进，不断寻找你能在何处发挥出最大的潜在影响力。要做到这一点，你就必须对自己与时俱进的能力保持乐观；在放眼外界时，你必须愿意去主动理解。要找到颠覆前沿并抓住它，你需要有强烈的求知欲。

探索悬而未决的问题

敢于挑战惯性思维并且保持乐观，是我们从那些成功地找到自己颠覆前沿的公司观察到的头两个始终如一的特征。它们还都具备第三个值得讨论的特点。当我们与这些公司的管理者交谈时很清楚地发现，这个特征就是你必须有一种永不满足的渴望，去探索你所在行业、你的公司、你的团队及你的客户所面对的那些悬而未决的问题，无论你是在哪里发现了这些问题。这是一种渴望，推动你去了解周围发生了什么、别人在做什么以及有可能发生什么。这将让你继续关注下一个机会，放宽眼界去了解正在发生的事情，以及如何为你的客户创造更多价值，并去做那些最有分量的工作，通过创新解决方案来处理复杂的问题。

值得探索的悬而未决的问题就是那些以"若是……会怎样""其他什么地方能……""我们怎么可能……"这类句式提出的问题。你最后一次针对自己的业务好奇地发问是什么时候？你是否知道现时你所在行业的基本情况：你所在公司的股价和行业中其他公司的股价、供应商的经营状况、客户的技术变化、竞争对手的情况，以及新员工学习新技能的进展，这些方面都处于什么状态？这都是非常严肃的问题。我们经常感到惊讶的是，有些人对自己企业和所在行业的基本运作是如此陌生。若失去了与这些基本面的接触，就很难通盘思考那些急需得到解决的更重大的问题。这些类型的问题常常只被留给一个特定的职能部门，比如市场营销或研发部门去解决，而我们其余人则只顾埋头干手头的任务。在具有重要分量的公司里，这样做是行不通的。在这些公司内部，几乎每个人都对自己的公司、行业和市场感到好奇，他们在不断地探索。正如DPR建筑公司强调的那样，这种习惯在文化中是根深蒂固的，是"永远向前看"的。

如果你的公司里没有人专心探索业务提升方面那些悬而未决的问题，那么你将完全错过那些可能推动公司进步的颠覆前沿。如果自己不去积极探索，你周围的人可能也不会有这个积极性，所以你需要率先垂范。关键是，无论你在公司的哪个位置，你都要花时间对自己的业务以及客户进行兴致勃勃的研究求索，也要允许其他人探索。

如果 GHX 公司的人没有问过"若是我们以不同方式开展业务会怎样"这样的大问题，那么起码在可预见的未来，它就不会从医疗保健这块业务上获取数十亿美元的收入。如果理查德·里斯没有公开追问互联网对其传统批发供应业务会有何助益，他将永远不会成为亚马逊的当然之选。如果克拉伦斯·桑德斯没有足够的创新欲望，他就不会探索新的百货零售方式，更不会设计出一套新方案来实现它，那我们今天的购物体验就不会是现在这个样子。如果家佳没有问过如何才能将互联网、购物行为和文化规范进行融合，它就永远不会为下一代的日用百货消费者创造出全新的购物模式。

如果你有做投资决策的权力，那么请在那些引人好奇的问题上进行投资，而不要花费力气去证明你已经知道的事情是多么正确。任何人都可以证明他们的惯性思维是正确的，历史通常会为他们提供大量数据。但在我们看来，无谓地投入人力物力去研究和确证历史事实，往往不过是白白浪费时间和金钱（我们经常看到这种情况发生）。相反，应该把你的资源投入到探索未知领域，投入到能够推翻你那些惯性思维的观点上，而不是竭力去证明它们。

当你准备投资以实现自己的探索目标时，可以效仿家佳，把钱花在刀刃上。家佳本来可以委托发起一个研究项目，探讨如何让更多的人在下班后走进日用百货店，然后再发起一场引人注目的地铁宣传活动，让人们认识到在回家的路上逛逛商店是多么有价值的一件事。但它最终没有这样做，而是选择探索一些不同于以往的新东西，而且它持续多年挺进新的颠覆前沿来获取价值，而这些价值已经远远超过了最初的试点投资。

有趣的是，对于家佳来说，尽管最初的接受人数令人吃惊，但地铁实验并不完全成功，至少最初不成功。事实证明，在最初的模式中存在一些严重的缺陷，在第一次体验到新的购物方式之后，客户很快就"脱粉"了。家佳还特地花了一些时间来了解在它的颠覆前沿所发生的事情，这样才能在网上购物体验改善中占据领先地位。在下一章，我们将更详细地讨论这一问题，我们将对你在探索颠覆前沿时所面临的挑战进行剖析。即使在1916年就已问世并且曾经是震撼世界的购物模式，小猪扭扭仍不断进行调整和改善（在此过程中还获得了多项专利）。这就是为什么说确定你的颠覆前沿只是万里征途的第一步，下一步还要对其进行深入了解。

第 二 章

学习：创立你的观点

　　当家佳将顾客购物体验定义为其颠覆前沿时，它投资开展了一个为期 6 周的试点项目，取得了显著成效。该试点项目旨在以新的方式与消费者互动，当顾客通过应用程序下单，家佳保证会在 3 小时内送货上门。非常棒，不是吗？该试点项目引发了大规模的公众反应，而家佳也看到销售额激增，但消费者普遍表示 3 小时的交货时间太长了，在"第一印象"的泡沫破灭后，销售高峰很快就不见了。

　　先别急着念叨当代社会人心浮躁，并为此而苦恼。重要的是要搞明白，这并非意味着 3 个小时交货不是一项非凡的物流成就，而是说由于这个窗口时间太长，顾客难以确切知道家佳的送货员究竟会在什么时候上门。家佳团队以为客户会为 3 个小时的送货时间而惊叹，这可以理解，但他们忽视了这么长的窗口时间对客户生活带来的影响。这就是为什么家佳愿意承担可控的、明智的风险，把在市场上对概念进行实测作为在其在颠覆前沿学习的一种快捷方式。

敢于明智地冒险

家佳已找到一个新的颠覆前沿，即电子零售（e-tailing）。但它还必须学习更多相关知识，以提升自己的眼界并完全解决遇到的难题。该公司深入研究了目标消费者的市场统计资料，一些调查揭示出一些有趣的结果：韩国首尔居民的工作时间是世界上最长的；在不工作时，他们宁愿在家附近休闲也不愿待在家里。考虑到这些生活习惯，3 小时的窗口时间确实太长了点，因为它没有提供足够的灵活性来适应顾客的典型生活方式。所以，在最初 6 周的试点后，家佳开始调整方法，探索启用不同的交货方式和交货点，基于了解到的各种知识，逐步扩大在电子零售领域的存在感。从某种意义上讲，最初的想法是一次彻底失败的市场策划，但它带给家佳的经验教训是无价之宝。这些知识帮助家佳对未来顾客的日用百货购物体验，以及家佳应该在这一领域扮演的角色形成了坚定的看法。因此，家佳领导团队投资于相对可控的、明智的冒险以换取对这一领域的宝贵洞见，而没有选择孤注一掷，展现了勇气、乐观和求知欲对定义一家公司的颠覆前沿的价值，也显示了更积极深入地了解一个传统行业颠覆前沿的必要性。

如果一家百货零货商在面对新挑战时能做到这些，那么你也能做到。无论将目光投向哪个方面，你都要考虑你的团队、区域、职能和你的公司。要对自己的内部和外部客户变得更具分量，你能承担起何种受控风险呢？

你可能会觉得百货店不算什么，你的业务远比向人们出售水果复杂得多（相信我，百货店生意也很复杂）。事实上，每个人都会面对这些挑战，但卓越的公司会找到方法来解决它们。正如我们在前文中提到的，从一开始，GHX 就一直面临一个棘手的问题，那就是诸多挑战互相缠绕、互相依存，让人感到根本就难以理清头绪。但 GHX 还是坦然进入复杂的美国医疗系统，而且还进入其他板块的业务。在此过程中，它为客户、竞争对手、供应商和其他业内人士创造了空间，使大家能够团结合作，共同开发出解决方案。通过集中这些不同的市场观点，GHX 已经有能力不断重新定义其颠覆前沿，并解决医疗成本方面一些最复杂的问题。明智的冒险建立在与客户及市场共同创造价值这一核心信念基础之上，GHX 就是通过自愿进行这种明智的冒险成功地获得了上述能力。

与客户和市场共同创造

亨利·福特曾经说过："聚在一起是开始，守在一起是进步，工作在一起便是成功。"如果你认同这一点，与你的客户和你的市场共同创造，以了解你自己的颠覆前沿并建立起你的观点，便是成功的最终衡量标准。根据我们的经验，在这方面，没有哪家企业比GHX 做得更出色。它的成功让我们确信，携手客户和市场共同创造，共同定义并解决颠覆前沿问题，可以极大提高你团结众人共同迎接那些有趣挑战的能力。而且你经常可以快速追踪随后的销售过程，因为人们更愿意接受在他们的帮助下制定的那些解决方案。共同合作解决系统性问题会给你、你的客户、客户的客户、你的竞争对手以及整个行业创造更多的价值。通过与外界共同开发潜在解决方案从而早一点开始这个过程，你将有能力制定完备的解决方案，这比任何参与者单打独斗完成的解决方案都更有分量，而且成为一家能为共同创造开创空间的公司也会让你处于最有竞争力的位置，从而最大限度地提高你的价值贡献。

回想一下我们分享的 GHX 这个案例。这家由 5 位竞争者创立、初衷是满足一项特殊需求的企业在医疗保健行业占据了独特地位。在成立之初，GHX 便处于市场的风雨之中，公司不得不洽谈、合作、说服，甚至劝诱、拉拢业内的其他企业和人员一起加入当时尚属实验的电子商务中。多年以后，这个位置已经帮助 GHX 确立起自己作为观点汇集者的自信地位，在这里客户与市场参与者能够团结在一起，共同创造解决方案以应对当今医疗保健领域最严峻的挑战。

但这并不表明 GHX 始终能有效地与其客户和市场共同创造价值。它需要克服一些重大障碍，其中包括在竞争对手、供应商和买家之间建立信任，并在此过程中守护好其中立性，向所属行业证明自己有足够的能力和影响力来有效地创造协作空间。你可能也会遇到这样一些障碍：走出去面对客户或其他人时可能会胆怯，对于一些重大问题也没有解决之道。但 GHX 的经验是，通过提出正确的问题，你可以证明自己的实力和参与的价值，最终能够提供更好的解决方案。知道应该问什么问题，并且知道应该邀请客户和其他市场参与者来开发什么样的解决方案，这将提高你的声誉，让人相信你的公司是一家有重要影响的公司，因为你将为这个行业、为你的客户和你自己创造更多价值。

在前文中，我们提到了与追踪人体可植入物相关的挑战。我们有很多问题要问，更有很多关于这一挑战的解决方案有待探究。当我们与GHX的执行董事凯伦·康威（Karen Conway）讨论工业关系，与其全球战略副总裁玛戈特·德雷斯（Margot Drees）探讨行业的演变时，他们强调了共同创造过程的三个重要成果。首先，GHX获得了完成任务的强大动力。其次，通过推动产业调整，GHX对于那些更重大的问题，以及自身如何帮助产业增加更多价值，有了更清楚的认识。最后一个成果与产品开发有关，是从与市场共同创造的过程中得到的重要教训。它似乎有些违反直觉，但这一教训清楚指出，我们在开始时可以目光远大、雄心勃勃，但随后就要缩小关注范围，最终要聚焦于一个可以解决的小问题展开攻关行动，这样就可以步步为营，把大问题化整为零解决掉。下面让我们进一步了解这一过程。

2010年，GHX开始在内部讨论与可追踪医疗器材相关的机会，并在2011年邀请其行业合作伙伴一起开启了定义和学习这种新的颠覆前沿的艰苦工作之旅。由于把正确的人召集到了一起，并且大家充分认识到了这个问题的广度，GHX能够推动形成一次令人兴奋的创新性展示，提示大家在人体可植入物方面存在着哪些可能性。经过两年积极投入的讨论、辩论、思考和创造，依靠GHX专门提供的有利条件，这个致力于解决问题的协作团队决心把自己认为可能的东西真正创造出来，他们以乐观而充满好奇心的姿态挑战了行业内关于人体可植入物的许多惯性思维。

在 2013 年的 GHX 供应链峰会上，团队在活动现场设置了一个类似手术室的场所，在其中进行演示，向观众介绍如何在手术场景中对可植入物进行追踪和恰当记录并及时计费，以及如何把情况通报给患者。这是一个重要时刻，真正展示了共同创造在定义最终的理想状态方面所获得的成功，而这种方案是任何单个组织都无法独立完成的。所有这些成果都是由 GHX 发起的，以"走入市场，并大胆说出'让我们一起解决这个问题'"为主题的讨论所促成的。

峰会过后，利益相关者们渴望向前迈进以提供整体的解决方案。共同创造过程所产生的见解，足以引发整个行业中有影响力的人以及买家产生浓厚兴趣，这正是高瞻远瞩的眼界所能创造的典型机会，我们将在后文中详细论述相关内容。GHX 所占据的位置，让其能够仔细观察和分析这一领域中那些可能实现或无法实现的目标，但同时也会有一个清醒的认识：在峰会上展示的这个刚刚开发出的"理想"解决方案，在交付方面将难以复制，因为它需要广泛的技术、流程，以及每个人环环相扣的行为改变，医生和手术过程中涉及的其他经过完善培训的专业人员也包括在内。要想同时协调组织进行所有这些改变是根本不可行的。

现在，既然完整的问题集已经得到定义，自身又具备了这样精准的眼光，GHX 就退后一步，开始重新评估究竟哪里是要优先处理的最佳颠覆前沿。本着稳步推进的原则，GHX 在 2014 年将关注重点放在预订单管理（advanced order management，AOM）上，并以此作为追踪解决人体可植入物的第一步。因为整个行业完全了解该问题以及相应的总体解决方案所具有的重要意义，因而也能认识到解决其中部分问题的重要性和价值。如果没有通过共同创造过程所形成的共同理解，仅仅解决问题的一部分就会变成断章取义，而且可能对推动整个行业走向理想状态毫无意义。

这样做的结果如何呢？如今，AOM能够提高决策准确性并减少发票问题，同时让人们对可植入物的花费和使用过程看得比以往更清楚。它所采用的方法就是从提出申请到电子采购订单创建，使人体可植入物管理所涉及的所有步骤都实现自动化处理。在这个过程中，采购、消耗了哪些可植入物，都可以非常清晰地观察到。AOM解决了医疗器械供应链中的第一组问题，这使该行业朝着理想的最终状态迈出了第一步，而这一成果是大家通过合作共同创造的。

如果GHX没有和市场的各参与方共同创造，它很可能也能开发出一种产品，但也许只能解决该问题中无关宏旨并且或许已经过时的那一部分。正是因为GHX的领导者能抽出时间退后一步，并邀请其他人加入，解决方案才能不仅适合当下的情况，而且符合将来在行业范围内将可植入物管理无缝集成到医疗保健系统中的愿景，从而降低成本、改善患者体验和安全。

加深和完善对正确的颠覆前沿的理解是共同创造的基本目标之一。你不会愿意到处播放PPT，到处拍胸脯作承诺，而且这样建立起的声望也永远不会给你真正影响市场的机会。在定义你的颠覆前沿时，要谨记改善你的想法和集中关注重点也是这个过程的一部分。一旦阐明了一个大问题，具备可行性、有步骤的解决方案便是提升价值的合理途径。

GHX已经开始与其他市场中的伙伴合作进行共同创造。2008年，该公司开启了一个类似的过程，这个领域中的问题与提升人体可植入物的可追溯性类似。要追查医疗处方的最终接受方非常困难，就算理论上有可能，但要真正做到及时召回和通知患者也近乎不可能。更重要的是，制药行业还存在药品伪造、掺假和改变原定用途等问题。这些难题都可以借助追踪和追溯药品的全面方法来解决，但同样，没有一个组织能拿出这种端到端的解决方案。最终，近20家行业组织都参与到关于该问题的早期讨论中，包括用品供应商、服务提供商、监管机构、行业协会，当然，还有作为组织方的GHX公司。

这项药品追踪工程的第一阶段是大家共同努力以确定行业的要求，定义一个可共同操作的追踪和追溯系统，这将为整个医疗系统的用户提供一个易用的简单解决方案。第二阶段包括构建一个有效的共同操作系统原型，旨在利用原型设计来发现额外需求，并进一步了解如何处理一个潜在解决方案中的安全问题。第二阶段的见解会被传达给那些在医疗保健领域发挥着积极作用的管理者和决策者，以便他们进一步参与到开发过程中。通过这个迭代过程，工作团队能够带来令人振奋的结果。

2013年，这一工程以一个端到端解决方案在"现场"情境中交付而达到了高潮，其中包括艾伯维公司（AbbVie, Inc.）、麦克森公司（McKesson）和退伍军人健康管理署（Veterans Health Administration）共同提交的一份备受赞誉的概念证明，它向人们展示了在一个可共同操作的系统上所实现的完整的可追溯性。除了参与演示的这些公司之外，强生医疗保健系统（Johnson & Johnson Health Care Systems）、美源伯根（AmerisourceBergen）等公司也为系统的开发做出了贡献。这确实是整个行业共同努力的成果，它创造了一个突破性时刻，使似乎不可能做到的事情成为现实。得益于这项工作，该行业正在促进药品追踪方式的真正变革，当整个行业都致力于设计和实施解决方案时，参与该项工作的每个人都有机会变成更有分量的人。

在上述案例涉及的领域中，GHX 的颠覆前沿似乎不只是人体可植入物或者药品，而是横跨整个医疗保健供应链的追踪（track）和追溯（trace），或是其他任何需要跨行业协作解决的系统性问题。关于如何在医疗保健领域成功地定义、开发并实施共同创造的解决方案，GHX 学到的相关经验教训是无可比拟的。GHX 想要通过与自己所处的市场共同创造来解决相关挑战，而了解这些挑战给GHX 带来的益处怎么强调都不为过。这些共同创造活动所提供的通路十分明确，对 GHX 培养更高层次的人脉尤其有利。

现在我们能够看到，这种共同创造的方法赋予 GHX 深刻的见解和知识，可用于指导其产品开发，还会在意义重大的颠覆前沿发挥作用，而这样的前沿对 GHX 的客户和医疗保健领域其他有影响力的人而言，具有更为重要的分量。最后，GHX 在其行业中一些最重要的场合，已经占有举足轻重的地位，许多客户很可能会认为，在展望行业未来时，如果 GHX 不参与其中，要探讨像追踪和追溯这样的事情简直不可思议。

2014 年 9 月，美国食品药品监督管理局（负责管理医疗器械）发布了一项最终规则，其中包括对于设备唯一标识符的要求，以支持对医疗器械的追踪，以及与产品数据相关的更大授权。幸运的是，部分得益于 GHX 在合作创建解决方案方面所付出的努力，该行业已经抢先一步开始解决这一全新挑战。要在现实运作中落实这项新规定是极度复杂的一项挑战，面对难题，你认为产品制造商会去找谁？GHX 也许并不能把端到端的工作一包到底，但它有端到端的解决方案，其好处是使方案涉及的任一环节都更有效、更有黏性，这一点更让它显得分量十足。

在你了解自己的颠覆前沿时，共同创造的附加价值在于它会放大而不是削弱你决定要做的工作的价值。

作为行业召集者，GHX 没有回避那些棘手的大问题，甘愿花时间来带动市场进展，开发客户能够产生共鸣的可行的解决方案，这有时甚至要花费几年时间。GHX 的成功经验表明，你不能畏惧大问题，也不能畏惧那些需要花费大量时间才能拿出来的解决方案。在一个难题多多的复杂行业中，对于那些最具分量的问题可能没有多少方便快捷的解决方案，除非有人敢于挺身而出，把客户和市场结合起来，否则这些问题不会得到有效解决。

在复杂的组织中也是如此。也许你正努力从内部改进，试图与工作团队之外的内部客户和向上各层次的组织对接，以共同创造解决方案，这是一项有效的行动，但也不要期望一夜之间就能取得成果。你可能确实需要长期努力才能创造一些具有重要分量的东西。在相对孤立的技术条件支持下，家佳通过持续数周的强劲市场活动，检验了一个营销推广的全新方法，并产生了具有重要分量的结果。我们并不是说这一定都需要很多年，但是，你在开发解决方案时，决不能害怕付出更多努力和时间。

当你努力了解自己的颠覆前沿时，可能会发现你的问题多于答案，你可能甚至没有完全定义好这个问题。GHX特别善于与其客户及所在的市场共同拿出对问题的定义和解决方案，当你想了解自己的前沿时，我们建议你也考虑采用这种方法。另一种方法是确保你"明白自己知道什么"。这需要你严格做好对组织知识和专门技术的管理，并利用这些知识和专门技术不断向颠覆前沿进发，这有助于你尽可能多地了解自己所能创造的价值。但我们还没发现有多少公司比DPR公司更"明白自己知道什么"。

明白自己知道什么

如果你是在购物中心见到道格·伍兹，你会觉得他是个很能闹腾的家伙。他会参加儿子的每一场足球比赛，会烹饪美味的排骨，似乎还在从事手工制作。你肯定不会想到，正是他和他参与创立的公司，建起了你正身处其中的这家购物中心，还建起了高度复杂的数据中心，购物中心的零售品牌会根据数据中心的信息给你特殊会员折扣，你对此当然满怀渴望。哦，你可能也不会想到他的公司还建了一个高科技实验室，而这个实验室就坐落在他看儿子踢球的地方附近。

我们可以确信的是，道格·伍兹是一个非常谦虚的人，而且这也是 DPR 公司能始终严格做到寻求反馈、从经验中学习，并推动自身"永远向前"的部分原因。DPR 借此实现日益发展壮大，对自己的客户一天比一天更有影响力。

通过与 DPR 管理层对话，我们发现当你直视前方时，对于自己的颠覆前沿就能了解更多：你的员工、你的供应商和承包商以及你的客户，他们都有相关经验，能够帮助你更好地了解你的颠覆前沿。要向他们请教这些经验，向他们学习，然后把这些经验和知识综合起来进行吸收和借鉴，以找到并保持自己的优势，前提是你要有勇气和谦逊的心态。

建筑业以其竞争几近残酷的承包流程而闻名。对于承包、招投标过程以及交工方式等的根深蒂固的业内惯性思维，DPR 都有独特应对方式。

DPR 是一家市值 30 亿美元的工程技术公司，成立于 1990 年。从 2010 年开始，它连续五年入选《财富》杂志 100 家最适宜工作的公司，并在 2014 年迈进前十名。《赫芬顿邮报》将 DPR 与谷歌（Google）和美捷步（Zappos）等公司一同列入其"十大最适宜大学生工作的公司"榜单。更令人吃惊的是，到 2015 年，DPR 有超过 80％的业务来自客户介绍。对于某些客户而言，DPR 显然是当然之选，其中 25％的客户（有时甚至是 1/3）在不进行竞标的情况下，选择把数百万美元的项目交给 DPR 来做。这当然不符合这个行业的惯例。

　　要真正领会 DPR 的成就，你需要多了解一些关于建筑行业招投标过程的知识。像许多涉及竞标的行业一样，多年来建筑项目竞标已经成为一个游戏，其中一些承包商低价投标以赢得项目，并期望靠后续合同变更来赚钱。一些客户非常热衷于这个游戏，他们让承包商们互相压价竞争，而不考虑项目的实际成本。招投标过程已成为业内一个根深蒂固的惯性思维，这使得 DPR 在部分客户那里得到的"免招标"待遇在一个竞争白热化的行业中显得很不寻常，而且令人印象深刻。不同于客户的以采购为导向的流程，公司建立了强有力的持久战略伙伴关系，能使客户受益并提供更好的项目成果。

　　这是 DPR 针对颠覆前沿走出的最有价值的一步，它从根本上重新定义了总承包商和客户合作以建设优质建筑的方式。DPR 的三位创始人毕生耕耘于这个行业，该公司的不变使命就是打破业界传统的敌对模式，成为一家比任何同行都做得更出色的公司。对 DPR 而言，前沿优势由三个关键要素构成。首先，它特别注重与客户合作的技术架构。DPR 从一开始就跻身于建筑施工行业的前沿，努力寻找并且只承接那些非常有技术含量和复杂的工程。第二，它决心"永远向前"。如果有更新更好的工作方式出现在行业前沿，DPR 都会欣然接受。该公司信奉持续不断地自我加压、自主改变、改进、学习并提高标准。例如，DPR 不断采用来自颠覆前沿的建筑信息模型等新技术，并在此过程中为客户创造更好的成果。最后，DPR 非常有针对性地鼓励不同的承包模式。传统的招投标和承包流程本身有时会与建立伙伴关系的愿望相冲突，而且也是这个行业天然争斗不停的一个起因。DPR 拒绝墨守成规，结合多年来的每一次机会，持续引导客户以及行业日益朝向更强调协作的方向发展。

DPR 为何总能实现目标呢？这并非因为 DPR 是其领域内仅有的总承包商（它不是），也并非因为 DPR 有一些独有的建筑方法（它也没有），更不是因为 DPR 的联合创始人道格·伍兹是一个完全献身于自己公司的好人（尽管他是）。这是因为 DPR 已经花费了很多时间和精力，确保自己清楚想要与哪种类型的客户合作（更多介绍见第 4 章），并始终面向未来，努力让自己变得更有分量和影响力。我们将在下一节中详细探讨该公司与顾客打交道的方法。不过现在，我们还是考虑一下 DPR 是如何"明白自己知道什么的"，以及该公司是如何运用这一理念去挑战其关于如何完成工作的那些惯性思维的。

DPR 自觉地、系统性地获取组织内外部的知识以备用。在知识收集过程中，该公司将每一个人都纳入进来，甚至包括它的客户和分包商。为了让客户满意，公司持续推进学习，不但能使其始终处于所属行业的颠覆前沿，还能支持其独特的项目交付方法及其整体业务。何以如此？因为公司始终努力去了解什么能发挥作用，什么不能发挥作用，这就能防止其对如何完成工作形成惯性思维。同时，这一流程对顾客是可见的，从而让他们有信心，知道 DPR 用了最合理的流程和技术来建造优质建筑。

这值得我们仔细思考。如果你不知道你的专业知识是什么、它存在于组织内部什么地方，你就无法从中得到有用的启发。DPR 痴迷于管理好公司所应掌握的任何知识。DPR 的方式其实很简单明了，相较于大多数公司，他们下了更多功夫来征求客户的印象和看法。当我们到 DPR 位于加利福尼亚红木城的办公地去采访公司高层领导时，我们遇见的每个人似乎不是刚结束与顾客的反馈谈话，就是正准备去参加这样的活动。一位高管正与他的客户就最近的项目进行满意度调查。当他请客户参照以往体验对其项目进行评分时，该客户表示，DPR 不仅让他拥有最佳的总承包体验，还让他拥有最佳的客户服务体验，他感到非常满意。这可不是我们寻常听到的客户关于一家建筑公司的评价。

客户反馈谈话只是 DPR 运用的众多工作方法之一。另一种方法被称为工艺会议（craft sessions），它使 DPR 能持续从员工和分包商处获得知识。"工艺"是特定的建筑工程行业完成项目的技术性手段。为确保员工和分包商不断改进工作，DPR 公司推动定期举行结构化会议以分享最佳实践。例如，在一次会议上，一名工匠分享了他如何发现了一种新的、更快的方式去测量和安装干式墙，在减少浪费的同时还节省了 10％ 的时间。另一名工匠则向会议小组成员介绍了一种新发现的绿色产品，这种产品的性能表现甚至比那些环保性相对较差的产品更为出色。在 DPR，经理们经常安排这样的碰头会，这是一种更科学的方式，可以预期参与者能够很好地分享和学习。由于这种协作学习的正式性质，我们最好别把它看成是中规中矩的会议，而应视之为现实版的"学习实验室"。

DPR 还通过其全球学习小组在内部采集知识，从而不断改进其正式的学习和开发工作。正如 DPR 的员工实践负责人卡里·威廉姆斯（Cari Williams）告诉我们的那样，"造就什么样的人与建造什么样的建筑一样重要"。DPR 不是简单地从公司外部购买培训内容和聘请培训人员，而是向员工提出挑战，要求他们通过盘点现有知识，开发自我培训内容。

DPR 并未忽略工作地点这个获取知识的场所。该公司启动了"改善机遇"（opportunity-for-improvement，OFI）计划，并要求所有工作岗位寻找最佳做法或创新想法，从保存记录到工具使用，所有内容都要涵盖在内；员工要在 OFI 卡片上记下他们的见解。尽管这些卡片本身并不是什么新突破，但 DPR 对这些卡片的使用强度却有很大突破。该公司积极采取行动回应员工提出的 OFI 建议，以近乎宗教般的虔诚在全公司分享其中的最佳建议。随后在 2009 年，DPR 认识到因规模限制，公司在推广创意方面肯定会面临困难，于是就创建起一支创新支持团队，该团队的唯一职责就是接收 OFI 式卡片，并传播其中所包含的见解。管理委员会任命工号为 9 的员工吉姆·沃什伯恩（Jim Washburn）负责领导创新支持团队，并为该团队分配了重要的财务和人力资源，还有专用工作软件，以获取和追踪 OFI 以及其他来源的建议。

DPR 拥有一系列成功的知识管理实践，这帮助公司巩固了其在行业内作为强有力的观点输出者的地位。该公司通过举办各种对话会来征求客户意见，并利用"工艺会议"从其员工和承包商处收集各种看法。在强有力的领导模式推动之下，DPR 把协作学习制度正式确定下来，并利用实验室环境来支持这种学习。最后，公司要求从管理阶层到一线员工各个层面人员都参与其中，以确保他们明白自己知道些什么。

以上每一种做法都是专门针对 DPR 量身定制的，都怀着不断改善和前进的热切愿望，融入其中的是来自企业各层级的各种不同观点。这些做法使DPR成为一家客户想要与之打交道的公司，成了客户的当然之选，因为这些客户想把自己数百万美元的项目托付给这样一家慎重沉稳、经验丰富的承包商。DPR具有坚定不移的乐观态度和求知欲望，具有挑战惯性思维的勇气，因此它不断重新定义其颠覆前沿，并从中学习。请客户提供反馈是需要勇气的，但DPR一直坚持这样做。当DPR员工看到改进机遇时，他们会从内外部共同努力来改善它。所有这些努力都是为了把握颠覆前沿，这让DPR形成了强有力的观点，如果想要挑战有关招投标流程及"如何赢得成功"的那些行业惯性思维，这是一个必要条件。

你不一定能影响所在组织的知识管理策略和实践，但你不妨多观察，并认真思考如何获取你和你的团队可能的最佳工作实践，以及如何向客户（内部或外部）征求改进意见。鼓起勇气，抱着乐观态度和求知欲去面对棘手的问题，并充分理解答案，然后下定决心采取行动，这需要艰苦的工作，但如果有决心，你就可以提升你自己以及周围人的眼界。

家佳、GHX和DPR都是当前能够真正定义和了解自己颠覆前沿的公司的代表，通过把握这些前沿，它们塑造了自己独特的影响力并显著区别于其他公司。就算只想提升自己的眼界，也会推动你朝积极的方向发展。你可能会想，"那太好了，但现在我没钱没时间，也没有学习的欲望"，有趣的是，要探索颠覆前沿，也并不总是需要得到管理层的支持和投资。

从想法到洞见

正如我们在家佳、GHX 和 DPR 的实践中看到的，了解你的颠覆前沿并形成强有力的观点，并非提出一些关于市场未来的深奥观点。大多数公司都可以借助顾问、行业研究期刊和其他信息来源做到这些，可是它们即使在这方面大把撒钱，也很少能得到有助于行动的洞见。你必须更进一步了解相关具体细节。

高瞻远瞩的眼界不仅仅是一种"营销忽悠"（marketing spin）。它在解决复杂挑战方面具有真实且可衡量的价值，因为这是以数据、深刻理解以及在满足顾客需求方面所做贡献的评价为依据的。顾客真的会购买新产品吗？通过分析和运用这些数据，你真能减少供应链成本吗？关于你所属的行业，你能发现一些别人不了解的东西吗？你做事的效果能超出自己预料之外吗？为了获得看问题的高度和眼界，你必须投入时间、精力和其他资源。另外，不要只是提出一个观点，当你了解到自己的颠覆前沿时，要拿出原始证据来支持它。

想法和洞见不一样。午夜时分，想法会突然出现在你的脑海中，或者会议期间在白板上涂鸦时你会灵感突发，这些想法都很不错。但从想法转变为洞见还需要做一些工作。当想法在现实世界中得到检验后，就形成了洞见，并且其中的关键区别就会显现。致力于从颠覆前沿获益的公司也努力获取洞见。通过检验想法，它们会在市场中灵活行动，会去运用不同的观点并且甘冒一些明智的风险。我们调研过的那些有分量的公司能够针对其颠覆前沿形成明智的观点，并以有效方式让观点变成现实。至关重要的是，定义和了解你的颠覆前沿的这种能力要在整个组织中形成，而不仅仅在营销、研发或产品部门，它必须根植于公司的 DNA 中。

快速做一次勇气测试，这对任何人都适用：不管是作为个人还是作为团队一员。你可以通过工作使自身能力得以提高，在你的服务对象面前变得更有分量。当你努力去定义自己的颠覆前沿并了解它时，你需要弄清楚究竟怎样才能到达那里并检验你的想法，将它们转化为洞见，然后才能发表一些有意义的言论。正如我们强调过的，这不仅事关你在颠覆前沿学到的东西，而且事关你如何运用你所获得的见解。

当我们即将结束这一章时，最后再思考一下家佳。这家百货商所做的地铁实验有一个很突出的特点就是它真正面向市场，是向公众开放的，由此产生的洞见不仅属于这个行业，而且能随时提供给任何人。因此，这个实验成为一个证据充分的案例研究（如果你在网上搜索"Homeplus 地铁购物"，就会知道它的点击次数有多少），这巩固了家佳作为有远见的百货商的地位，并在客户中建立起良好声誉。多年以后，家佳还能继续从这个为期 6 周的试点项目中受益。

如果家佳接受了"知识即权力"的理念，并对实验细节严格保密，我们很容易就能想象到，它可能会在韩国首尔以外的一个绝密仓库里建造一个地铁站的复制品，在保密前提下将有意愿的购物者带到那里进行试验，并给试验参与者一定经济补偿。然后，在决定是否要在市场上冒险之前，他们会分析录像资料来判断人们的购物行为属于哪个等级。

　　你能想象出这两种方法的不同之处吗？前一种方法是在为期6周的时间里进行了一场引人注目的活动，给顾客带来了丰富而深刻的体验，至今仍然被人们津津乐道，这帮助家佳迅速造就了一种购物体验，使其在竞争激烈的市场中占据了领先地位。我们认为，另一种方法则可能会产生没完没了的PPT文档和业务案例，以及昂贵的隐私保护费用，而且可能也不会再有进一步的发展。通过与客户公开分享体验，家佳将自己定位为创新者，既是一家百货商，也是技术、客户洞察和明智冒险方面的领导者。同样，通过把市场合作伙伴纳入其发现流程中，GHX还将自身打造成了商界的思想领袖。

　　一旦你向客户证明你不只知道昨天的新闻，还能够发现、定义和共享明天的新闻，当他们向自己的颠覆前沿推进时，就会有意愿与你接触并合作。在这样的过程中，你将逐渐摆脱困扰大多数商家的平庸命运。要通过高瞻远瞩的眼界赢得高层次的人际关系，你就需要建立一个平台与大家共享你所掌握的知识。你必须明确自己的观点并发出自己的声音，并且要让大家听见，从而让他们了解你高瞻远瞩的眼界，以推动并加速自己成为当然之选。正如我们强调过的，你必须因你所知而为人所知。

第三章

分享：让你的见解产生价值

哈姆雷特的两难困境是"生存还是毁灭"，当你有了一个强有力的观点，这个两难困境便是"分享还是独吞"。这里我们给大家的建议是，不要犹豫，去与人分享，尽情地分享。把你在颠覆前沿得到的令人兴奋的、经过检验和验证的洞见，与你的客户、客户的客户，以及你的竞争对手广泛分享。

"等等，"你们会说，"把我们了解到的东西与竞争对手分享？这不是泄露商业机密吗？不是说知识就是力量吗？难道我们不应该把这些高见锁在保险柜里，存放在密室中吗？"这种惯性思维是错误的，它的思想基础是，我们真的掌握了那些能让一家公司脱颖而出，使之比其他公司更有分量的奥秘。

在内容营销和策略方面，现有资料已经足够多了，你完全可以用这些资料来包装自己的平凡想法，激发自己的观点，或者直接使用，但这并不能真正让你脱颖而出。有分量的公司会超越一知半解的境界，成为行业中真正的思想领袖。当谈到思想领导力、内容营销、将自己的观点应用于销售过程的方法，以及分享和扩展认知的方式时，那些具有重要分量的公司相信有四件事可使它们从竞争中脱颖而出：

1. 丰富：分享越多，得到越多。

2. 品质：观点和数量不等于价值。

3. 刺激性：如果一个想法很容易被接受，并且被普遍接受，那么它很可能不具备思想领导力。

4. 承诺：思想领导力不是一种营销策略，而是一种生活方式。

充分共享

在商业领域中，我们喜欢诸如"赢""打败竞争对手""获得优势"之类的概念。在竞争激烈的环境中，如果采取这样的思考方式，形成人人自我保护的局面是很自然的，因为大家都在试图竭力维持自己所发现的任何优势。然而，在社交和数字世界里，如果你不分享，而别人却慷慨分享，那么谁真的具有优势呢？谁能吸引来自己特别想施加影响的那些资深买家的眼球呢？换句话说，定义了你的颠覆前沿、建立起基于证据的强有力的观点，然后只把观点留在自己这里又有什么意义呢？高瞻远瞩的眼界不只事关你知道什么和你看到了什么，更重要的是要让你的客户、你的销售团队、你的行业，甚至你的竞争对手把它运用在实际经营中。这关乎让你因己之所知而为人所知，或者就像我们即将认识到的那样，分享给越多的人，收获就会越多。请记住我们的关键研究发现：要想成为当然之选，你需要创造更多价值。

创造更多价值的地方即颠覆前沿，在那里你能针对客户所面临的复杂而重要的问题提供解决方案。现在请问问自己：当处理复杂而重要的问题时，你最渴望得到什么？知识、洞见、清晰度。你在寻找一个高瞻远瞩的人来引导自己。如果你因为洞察力而闻名，人们就会指望你来提供这样的指导，而且它会让你以竞争对手无能为力的方式脱颖而出。

如果你的洞见无法被人听到，你高瞻远瞩的眼界就不会产生应有的价值。它不能为你打开新的大门，也不能帮助你建立公信力，相反它会在你的组织内冬眠直到过期失效，完全不会对你产生任何提升作用。这会导致两种风险。首先，你可能过分沉迷于自己的见解，难以意识到它们已经成了明日黄花；其次，你可能无法以发挥最大潜在价值的方式做出贡献。记住，只有通过创造更多价值，你才能对你的市场、客户和员工更具分量，才可能在颠覆前沿创造更多价值。而且，如果你乐于分享，你获得的独特眼界就可以用来提升你的人脉和影响力。

这对位于科罗拉多州丹佛市的创意机构 The Integer Group（现属 Omnicom 集团旗下）来说无疑是正确的。21 世纪初，制造商、市场营销人员和消费品代理商面临一个挑战：没有普遍适用、系统一致的关于购物者当前行为的数据。现今，我们非常了解顾客如何上网、如何选购产品，以及他们在网上购物的最终路径，但当 Integer 开始研究"购物文化对品牌战略的影响"时，能帮助了解这种现象的研究资源是很有限的。

那时他们可用的资源通常是昂贵的通用性专有报告，这些报告更多地关注人们购买什么东西，而不是他们购买时的行为方式。这些报告的目的是排他性的，并且难以得到，不能方便地供决策者在他们能够提供服务的领域参考。从某种意义上说，这是很有讽刺意味的，因为这些报告大多是基于历史的而不是用于预测的，因此可以说根本就没什么价值。Integer 的员工相信，如果你能了解清楚人们是如何购物的，那么你就可以利用这种洞见来开发整个价值链的营销活动和策略。营销活动覆盖从产品开发到店内销售的所有环节，所有这些都能够让你改变顾客的购买行为。The Integer Group 定义了它的颠覆前沿，那就是以一种当时其他机构还未采用过的方式，深刻理解购物行为的变化。这个前沿不仅对 Integer 有用，对客户也是最重要的问题之一，它既面向市场，又能调动内部积极性。

2007 年，一项由一群勇敢、乐观和充满求知欲的员工主导的独立研发项目启动了一个名为"购物者文化"（Shopper Culture）的博客，收集并分享有关消费者购物行为的见解。购物者文化博客低调开场，由参与有趣对话的简单渴望引申出来。The Integer Group 负责洞见和策略的执行副总裁克雷格·埃尔斯顿（Craig Elston）回忆说："这个博客始于我们三个人通过电子邮件进行的内部交流，我们互相发送一些有趣的东西，并在午餐时进行讨论。最后，我们自问，为什么只在内部进行这种对话？为什么不公开做这件事，让其他人都能参与进来呢？"当天下午晚些时候，他们三人开了一个博客，专门用于探究购物行为。

这听起来很简单，但大多数组织的信念体系还没有促使它们启动一个面向公众的平台，用于分享颠覆前沿新出现的见解和意见。它们对克雷格所提问题的回答更有可能是："我们在内部进行这种对话，因为这是我们的竞争优势所在，我们永远不希望与潜在的竞争对手分享这一点。"由于害怕失去优势，或者害怕其见解变得太流行而不再奇货可居，这些公司总是不愿分享自己所知道的东西，反而失去了其所拥有的声誉，以及由此可以获取的相关优势。像Integer这样的公司所发现的优势，与它们在日常工作中实际的品质优势相比，能产生更多的声誉价值。

至于博客内容，该小组开始时是复制粘贴他们找到的资料，同时分享在日常客户工作中形成的见解。任何人都不需要获得许可，也不需要付费即可浏览。这种做法很快就有了显著的商业影响，因此根本没人提出让他们关闭这个博客。相反，人们希望该小组在本公司的其他部门也复制这种模式。通过这一学习过程，Integer成为购物者行为数据的首选供应者。仅仅因为公司的几名员工先人一步开始进行研究，提出问题，吸引受众，并建立知识库，就让该机构从行业中脱颖而出。从产生想法到将其发展成一种企业资产，几乎没有耗费该公司任何东西。

与早期相比，事情现在已经产生了变化。如今，如果你点击购物者文化网站，就会发现在"结账"（The Checkout）和"复杂的购物者"（The Complex Shopper）这两个目录下，汇集了全年的签名报告，以及随着颠覆前沿的发展而不断产生的评论等内容。这两种内容流都反映了深入的原创性研究成果，包括跟踪购物（shop-a-longs）（指在商店中跟着购物者从人类学角度更多了解其购买过程及影响）、定性访谈，甚至模拟购物环境实验（能让 Integer 研究环境的变化如何改变购物行为）。随着分享的价值逐渐积累，该机构的学习方法愈发成熟精当。

这些报告的下载量超过 2.5 万次，而据埃尔斯顿估计，他们的公关收入超过了 300 万美元，对销售收入的增长做出了直接贡献。领导新业务发展的玛丽亚·福克斯（Maria Fox）认为，Integer 的思想领导力对帮助该机构获得新的收入及客户产生了"显著"影响。当布兰登·法西诺（Brandon Fassino）担任 Integer 的策划时，推动购物者文化实现了顺利起步，他在与我们的谈话中指出："这个博客目前得到 CPG（消费者零售包装货物）和零售商们的大力追捧，而且支持者都是副总裁级、主管级人员，那些具有行业影响力的决策者也都在跟踪、下载并阅读我们提供的内容。"除支持销售之外，高瞻远瞩的眼界也有着循环效应——你正获取如此广泛的数据，这些数据资源能让你快速整合相关趋势并保持优势。这是一种自我强化行动。

重要的是，客户已经开始使用 Integer 的研究成果提升自己的声誉。像 Pella 这样的门窗公司就利用 Integer 的洞见，说服劳氏的买家更多地使用其产品。客户公司的内部员工在内部会议和演讲中也争相引用 Integer 的研究结论，以在同事及老板心目中建立自己的专业形象。在糖果制造商玛氏公司（Mars），一位 Integer 的客户在全公司范围内共享了"结账"（The Checkout）这一类别的研究资料。当同事带着问题过来时，该客户也会将问题带回 Integer。埃尔斯顿告诉我们："围绕这些问题，我们会帮助他们获得更深刻、更丰富的认识，这样那位客户就会觉得，看我有多明智，看我所选的代理机构多么明智。"当你帮助自己的客户赢得胜利时，你也会共赢。

阿尔芒·帕拉（Armand Parra）是 Integer 的研究工作负责人，他认为这样的开放性能带来一个明显优势："如果你是这种思维的发起者，那整个世界都在关注你创建的那一页，这并不会损害你的利益。因为你最了解这些［内容］，所以你处于最有利的先手位置……当时间兜兜转转，事物演变的曲线又会到达你的位置，要知道两年前你就已经先知先觉地处于这个位置了。所以你有两年时间提前布局谋篇，会始终领先于对手。"

我们经常认为新的潜在客户和更多收入是成功唯一实实在在的标准，然而，在像 Integer 这样的机构里，人力资本才是长盛不衰的资源。长期来看，成功的关键贡献因素就是机构所能够吸引到的人才的质量。研究表明，Integer 对行业中最优秀、最聪明的人才有着最强的吸引力。克雷格·埃尔斯顿的说法就是："人们想在这里工作，因为他们看到我们所做的事情如此之多。最近我在主持一个副总裁级别的职位面试，很多竞争机构的副总裁级人员递交了申请，我在面试时问道，你怎样才能开出自己的'户头'？我的意思是，你如何才能获得资源来做研究？但他们都回答不出来。他们在自己的组织里从未接触过任何类似的东西，他们都在考虑 Integer，觉得自己想做这样的事，想到我们这里来工作。"

考虑到机构本质上都是在推销创意，Integer 对人才的吸引力一点也不能低估。正是创意资产的来源——员工——最终能让一家公司超过其他公司脱颖而出。Integer 建立起的在思想上的领导地位，使其能够在人才博弈战中打败更强大的对手。

Integer 在自己所处的行业中创造了独特性，并继续通过一个生机勃勃的世界性平台令自己与众不同。它自信的心态和慷慨分享的意愿已经带来丰厚的回报。不过，克雷格最喜欢的时刻是，The Integer Group 受邀向世界上最大消费品品牌之一提供服务。

就像他说的："我们问，你们为什么要与我们洽谈？他们回答，我们在各地的会议上都能看到你们，而且我们一直在阅读你们的资料。我们必须请你们留在这里，没有你们可万万不行。"

这是一个庞大的客户群，绝对是兵家必争之地，任何一个公司都会舍命以求。想象一下，对于 Integer 的克雷格·埃尔斯顿来说，从这个消费产品巨头那里听到这种反馈是什么感觉？正如克雷格所描述的，这是一个"IBM 时刻"，这句话的意思是，没有人会因为选择 IBM 而被解雇。显然，现在也没有人会因为雇用 Integer 而被解雇。

现在让我们看看在 Integer 的案例中一个显著的转折是如何发生的：其中的关键就是要认识到，拥有丰富的思想和拥有无限资源是不同的。就是靠着看起来虚无缥缈的"资源"，Integer 实实在在地提升了眼界，成了客户的当然之选。埃尔斯顿和他的团队在头三年里得到的投资不足 20 万美元，他们如何靠这点微薄的财力起家？

埃尔斯顿提供了一个能够让每个人都从中受益的催人奋进的工作场景，以此鼓励人们慷慨地贡献他们的时间。换句话说，由于 Integer 热情支持自由分享，因此激发出了员工和其他行业参与者丰富的思想财富。埃尔斯顿去寻找那些真正关心购物者并愿意分享其专业知识的人，并为他们提供贡献和合作的途径。他为那些拥有共同专业知识和激情的人创造互相对话交流的空间，并利用这个空间来催生有意义的洞见。他没有要求太多。正如他所说的，这是"他们的一小部分时间，占比较小，也是某种形式的责任，不管是致力于博客、为了研究需要而管理供应商关系，还是写出研究的问题，抑或对数据进行分析，这都不是一个人的责任。当把任务充分摊开，我们就能最终搞定它。"

埃尔斯顿还与一家姊妹公司合作，以洞见分享和品牌合作为交换条件，大幅降低了初步研究及专业研究的费用。依托由专家和他们的洞见所构成的网络，埃尔斯顿能够提供"结账""复杂购物者"以及后续的研究报告给合作方免费下载，而行业内的其他机构则需要支付超过 1 万美元的费用才能得到同样的服务（可能还没这么好）。这样一来，Integer 的销售团队就不用因为分心订阅收入问题而影响战略产品开发，同时也使能够接触到 Integer 品牌的潜在受众大大增加。

由于报告的普遍适用性，由此带来的访问直接引发形成了更多人脉联系，而我们也知道这对于产生更大影响和创造更多价值是至关重要的。

Integer 的数字令人印象深刻：2.5 万份报告下载，数千名粉丝。但是，单单使用这些数据来判断你做出的共享努力的成就是错误的。那些最有分量的公司已经明白，消费数量和见解并不等同于价值。只有价值本身才是价值。重要的是让正确的人了解你的观点，而不是追求让更多的人了解你的观点。

注重价值而非数量

我们得先弄清楚这件事：当谈到思想领导力时，质量就等同于价值。DPR 是一家建筑公司，它最大的价值在于，对于客户和市场，对于它想合作的行业内的有影响者，以及对于它想从中招募人才的学校和领域，它都赫赫有名。道格·伍兹的目标不是走在街上能被人认出，也不是他登录 Twitter 的时候会有大批粉丝。诸如此类的情形对 DPR 而言根本不足挂齿。这是因为 DPR 想以它高瞻远瞩的眼界为那些在行业中举足轻重的大咖所知，这是由买家和有影响力的人所组成的一个相当小众的群体。

DPR 的颠覆前沿包括重新思考工作承包的方式。对日常消费者来说，这并非什么吸引人的东西。在尽力学习如何以不同方式订约的同时，DPR 发现，针对这些工作进行大型的、面向公众的宣传活动是没有意义的。对 DPR 而言，需要更多有针对性的 B2B 战略和平台。

DPR 利用客户对把学习过程改进为平台这件事情的痴迷，让他们参与到持续的反馈会话中，并在市场上广泛分享其最佳实践。DPR 不仅以一家建筑公司而为人所知，也因为能非常严格地收集成功的实践，非常认真地开展持续学习而闻名遐迩。对客户、员工和承包商而言，DPR 做事方式的与众不同之处清晰可见，因为它让每个人都参与到收集和整理经验教训的过程中。DPR 把学习和分享紧密联系在一起，所以两者能够相互促进。同时，该公司也让客户参与到这个过程中，让所有的东西都变得直观可见，让大家对 DPR 高瞻远瞩的眼界产生欣赏，在行业内引发轰动效应。这家公司做到了因己之所知而为那些最举足轻重的人所知。

对其他公司而言，最具分量的人群的范围会比 DPR 公司更广，因此它们对信息的包装、发布和平台开发的处理方式也必须有所不同。我们研究过的一家公司 ExactTarget（ET），与我们所调研的其他公司一样，在共享自己的观点方面也令人印象深刻。在共享过程中，它能够改变一个快速增长且不断发展的产业的运行动态。成立于 2000 年的 ET 开发了品牌软件，用于管理其电子邮件营销工作，该软件具有开展旨在吸引客户和推动销售的市场活动的功能，还能以自动化方式追踪那些以吸引顾客和激励购买行为为目的的营销活动。该公司的增长速度非常快，到 2006 年，在 *Inc.* 杂志评出的 500 家增长最快的私营企业榜单中，已经跃居第 56 位；而到了 2007 年，在《企业家》（*Entrepreneur*）杂志评出的 500 家增长最快企业榜单中，则高居第 43 位。是的，这很了不起，但是 ET 公司不能放松：20 多家初创公司已经涌现，开始争夺同样的客户，这些公司提供的服务基本上都一样。客户渴望其中一家突出重围，成为当然之选，并巩固这个行业。在做出购买决策时，买家不愿意花时间研究和评审这么多选择。

作为一家能够在颠覆前沿高瞻远瞩的公司，ET 公司知道要想成为当然之选，自己就需要打造更有影响力的信誉。当下时机已然成熟：在 21 世纪前十年，市场营销领域经历了严重的颠覆。社交媒体使消费者能够参与到关于产品、服务和品牌的多维度对话中。营销人员无法再控制信息，尤其是对于只需一次点击就能无限扩散的评论和客户意见更是无计可施。德勤（Deloitte）公司最近一份报告显示，在千禧一代中，有将近一半人的购买决策会受到社交媒体影响，而利用社交媒体平台了解产品的消费者，其购买可能性是不采用此方式的消费者的 4 倍。即使是 B2B 模式下的购买者，在他们与供应商的销售代表接触之前，通常也会有 57％的人以这样的方式做出采购决策。最具破坏性的是，公司发现，无论自己的宣传多有针对性，要想用营销信息打断客户在社交媒体上的搜索，难度越来越大。

对 ET 公司而言，社交媒体构成了直接威胁。毕竟 ET 公司的主要服务都会连接到电子邮件，这是最古老的数字直达媒体，在电子邮件中，消费者已经越来越擅长过滤或忽略他们眼中的"垃圾邮件"。ET 清楚地知道，它对客户的真正价值在于提供如何创造客户参与方面的洞见，而社交媒体是实现这一目标的一种亮闪闪的新方式。ET 致力于在证明电子邮件作为一种直接营销媒介尚存的有效性方面，拿出一些打破偏见的数据。与此同时，它满怀信心地向未来推进，针对基于社交媒体的营销所产生的新威胁，建立起高瞻远瞩的眼界。ET 恰好投资于一个颠覆前沿，而这个前沿就是过去世界（电子邮件）和未来世界（社交媒体）的交叉口。

还记得乐观的重要性吗？如果领导者对自己所在行业的未来和公司在行业中的地位不太乐观的话，没有一家公司敢这么做。如果不相信自己有能力从社交媒体中获利，那么 ET 就不会热情投入这个相对不为人知的社交媒体领域。ET 已经形成（在相对短暂的时间内）一种不可动摇的坚定信念，认为对客户而言，这就是最好的解决方案。ET 确信，通过在社交媒体这一颠覆前沿建立起高瞻远瞩的眼界，它将能够利用自己的思想领导力进入更广泛的领域。这反过来又会支持 ET 在其核心软件程序中构建额外功能的目标，从而令营销人员能够在社交媒体方面管理和优化他们的行动。

需要回答的问题是，哪些受众需要受到影响，施加这种影响以及引导 ET 分享方式的最佳平台何在？答案很明显：市场营销人员。为了影响营销人员，有三个平台可资利用。首先是普通的业务受众。每一家公司都在以某种途径、方式、形式进行着市场营销，其中绝大多数公司都需要直接营销能力和洞见。其次是特定行业或特定区域的市场营销专业人士，对他们来说，直接的和数字形式的营销更为重要。最后是期待在 ET 和其他有竞争力的软件供应商中进行甄选的特定的预期客户。对 ET 而言，更大的受众接触面并非好的选择，有针对性的影响力才是更佳目标。

心怀这种信念，ET 公司于 2009 年推出了一个全面的研究项目，目标是了解数字消费者，基于数据对他们的行为进行预测，并为营销人员提供建议。杰弗里·K. 罗尔斯（Jeffrey K. Rohrs）和摩根·斯图尔特（Morgan Stewart）其时分别担任 ET 公司营销副总裁和研究负责人，他们负责这个项目，该项目被称为订阅者、拥逅与粉丝（SFF）。根据罗尔斯的说法，他们试图"通过对当今直接互动营销关系〔即订阅者（电子邮件）、拥逅（Facebook）、粉丝（Twitter）〕的客观洞见，占据思想领导力的制高点"。如果这项研究取得成功，罗尔斯预计，它将"帮助 ExactTarget 品牌超越电子邮件阶段，与当今的整个社交媒体形成更广泛的联系"。今天，SFF 听起来可能是一件再明显不过的应该做的事情，但当时还没人做过这种跨渠道的调查，当然也没有达到 ExactTarget 计划的规模。ExactTarget 前首席营销官蒂姆·科普（Tim Kopp）说过："如果你不是在创新突破，那么你就已经落后了。"或者就像我们所说的，如果没站在正确的前沿，你就会失去根基。

除了在研究上投资，ET 还致力于以最有意义、最有用、最有说服力的方式来包装和发表自己的洞见。从一开始，ET 就下定决心，不会再发布冗长、琐碎令人不忍卒读的白皮书。SFF 将包括 7 份独立报告，这些报告非常简短，易于快速阅读但内容深刻，足以让读者建立起关于 ET 的专业知识。这些报告有其独特标志、设计版式和高格调的视觉风格，并且附有情节紧凑的 YouTube 剪辑。正如蒂姆·科普所解释的，"创作 10～12 页高度可视化、高度吸引人的市场营销文件，将让你了解关键的事实、关键的要点，然后指出能使其更有说服力的关键信息图表"。

ET 努力想在三种特定受众群体中建立自己的声誉，对什么东西能够吸引这三个特定群体的受众，ET 显然思考良多。一开始，公司先拿出了一份报告，该报告对于多个行业和产品领域的营销人员都有着广泛的相关性。这份报告被称为"数字早晨"（Digital

Mornings），它报道了一项令人震惊的研究，该研究追踪调查消费者早上起床后做的第一件事情。ET 发现，消费者并没有冲咖啡，没有锻炼，也没有亲吻他们的另一半，他们首先做的是查看手机上的电子邮件、短信和最近的 Facebook 发帖。你能想象到，媒体的早间节目对上述内容可谓照单全收，这让 ET 高管们有很多机会通过网络来谈论他们的发现。更妙的是，ET 受邀在世界各地的营销会议上分享其研究成果，通过向至今仍然起着颠覆作用的社交媒体和数字领域提供观点和洞察，它以有意义的方式开始了推动营销产业和专业发展转变的进程。资料下载热潮和销售机会随之而来。

　　ET 接下来的报告于 2011 年 2 月发布，采用了类似方式，用一种巧妙手段来探究消费者与品牌"分手"的原因。ET 在情人节到来之际发布了该报告，并且采用了一种浪漫的情感模式来调查消费者与品牌之间的关系。因为这些关系有助于塑造消费者与品牌之间的互动，所以 ET 对两者之间关系动态的见解对买家来说极具价值，这甚至吸引了媒体的关注。"这就是我喜欢这项研究的地方，"ET 公司的一位公关主管表示，"这里既有情感联系，也有理性联系。"

　　SFF 研究系列推出了 25 份报告，其中许多都专注于特定行业或地理区域。比如，其中一份的标题是 "Digital Down Under"（数字澳洲），调查了澳大利亚的数字消费者；另一份标题是 "Retail Touchpoints Exposed"（零售接触点披露），关注的是零售业。这些报告的内容不如头条新闻丰富，阅读量也赶不上，但这并不意味着它们的价值较低。如果询问 ET 内部的专业人士，他们会指出还是这些报告更有价值。"零售接触点披露对零售商而言非常重要，"ET

公司一位销售人员指出，"我的意思是，这是我的团队可以为零售业者效劳的事情，可以帮助他们策划市场宣传活动或者开展针对现实情况的对话，而［其他白皮书］大部分都是产品或问题驱动型，范围更加宽泛。我认为我们越是有针对性地去做，它当然就越有指导意义。它给我们提供了一个机会去进行这方面的研究，并专注于一项市场活动，专注于我们知道属于这一范畴的特定潜在顾客和现有顾客。"

SFF 团队意识到，销售互动本身就是最强大的平台之一，可以从颠覆前沿不断涌现出大量洞见。运用研究资料，该团队针对每个行业类别（industry vertical）都推出了一系列备忘录，让 ET 那些永远"太忙"的销售人员有能力与目标客户进行更多的战略对话；还创建了 PDF 和 PPT 文档，其中突出了该项研究的特定部分，销售人员可以利用这些特定部分来获得进入买家组织中适当层级的通路，并在这样的层级建立信誉。

那些在自己所在市场中成为当然之选的公司，不仅有丰富的分享方式，而且也建立了极有针对性的目标。它们理解并且相信，观点的多寡和业务量大小并非衡量价值的唯一标准。通过开发和管理内容平台，它们将积累的知识用于工作，这些内容平台使其见解、数据和观点能够为最重要的客户所用。

现在可能恰好是个良机，你可以开始思考如何把你的观点定位到你的颠覆前沿，思考与谁合作、如何构建起一个平台、如何把你高瞻远瞩的眼界用于为你和你的客户造就价值。只要你的方法有针对性，分享的内容够丰富，那么请相信，它不但有可能，并且极有可能会让人印象深刻。

要有刺激性

"马鞭草、芦荟、梅利莎、柠檬香薄荷，最后是苹果的味道；口感一如既往清爽宜人，虽然明显矿物质味道较浓，但最终还是在一种咸味的潮水中达到高潮，余味连绵不绝。"这是一段难以理解的对葡萄酒味道的描述，它会让潜在的购买者转而选择啤酒。葡萄酒很复杂，这是可以理解的。但它也很简单——它很好喝，而且也比上述描述更平易近人。葡萄酒的世界有一种高雅的气息，而历史上，人们往往喜欢通过把他人排斥到圈外来凸显自己的高雅品位。

出生于白俄罗斯的新泽西企业家加里·维纳查克（Gary Vaynerchuk）在涉足葡萄酒酿造之前就有上述问题，但他克服了这些习惯性偏见，最终赢得了成功。讽刺的是，这不仅对他本人而言是一种胜利，对他的公司而言也是如此，本来这家公司很可能因为对颠覆前沿熟视无睹而失去隐藏其中的机会。你可以想象，当加里·维纳查克开始经常用"爆米花"而不是"橡树"来描述葡萄酒的特征，并且在他新推出的在线平台——葡萄酒图书馆电视台（Wine Library TV）上，把优质葡萄酒比作纽约喷气机队，而把劣质葡萄酒比作新英格兰爱国者队，这家公司收到的反响会有多好。

如果你是个葡萄酒爱好者，你可能听说过葡萄酒图书馆电视台的节目。如果没有听说过，你应该去看看。1978 年，加里的父母移民到美国后开办了这家小型家族企业，当时加里才 3 岁；到他 1994

年上大学时，公司业务已经发展得相当不错。据报道，关于新的葡萄酒业务，他在学校的时候就有了一个想法，那就是要利用蓬勃发展的互联网和葡萄酒对新消费群体的吸引力来开拓经营。据维纳查克回忆，那时这个激进的想法遭到新泽西州 2 258 个酒店的普遍拒绝，1994 年的互联网还难以颠覆业界的顽固看法，人们认为葡萄酒是高雅人士在特殊场合的专属饮品而非普通人的杯中物。尽管如此，1997 年，维纳查克这名成功的大三学生还是说服他的父亲为自己家族的葡萄酒生意提供了一笔小小的广告预算。有了这笔钱，他创办了 WineLibrary.com，该网站专注于指导消费者，让葡萄酒更容易进入寻常百姓家。

对维纳查克而言，颠覆前沿有两个朝向：一个是它扩大了葡萄酒吸引力，另一个则是凸显了互联网在当地业务中的角色——尤其是葡萄酒行业。让我们从后者开始讨论。

维纳查克比大多数人理解得更早也更透彻的是，互联网提供了一个前所未有的机会，让商家与消费者建立起直接关系，这是一个可以直接地、可持续地赢得精准受众的平台。我们使用"平台"这个词来指代讲坛或舞台，即使是像维纳查克的家族企业这样的小公司也以之来分享公司所了解的知识和信息，从而形成一个能让顾客趋之若鹜的高瞻远瞩的眼界。当维纳查克开始学习如何使用新兴技术直接与消费者建立联系，颠覆前沿就在周围悄然出现了。他早早就启动了这个平台，并且与时俱进地完善它，在这个变动不居的世界中不断重新定义自己的颠覆前沿。他开始将现有客户和预期客户添加到电子邮件列表中，每周推送内容和营销信息。2006 年，随着宽带技术开始占据主导地位，并持续颠覆消费市场，维纳查克进军视频领域，推出了一个名为"葡萄酒图书馆电视台"的 YouTube 频道。据他透露，现在该频道每周访问量多达 10 万人次，他请来的名人嘉宾对观众具有极大的吸引力。

到了 2009 年，让维纳查克闻名遐迩的不仅是葡萄酒，更因为他把社交媒体本身作为一个平台。他是柯南奥布莱恩秀第 18 期的嘉宾，他还与哈珀工作室（Harper Studio）达成了 10 本书的出版协议。突然间，他不仅仅是一位葡萄酒专家，还成了构建平台的专家！在这之后，他与弟弟成功创办了 Vayner Media，到 2014 年，他们拥有员工 400 名，年收入达 3 000 万美元，并且还有像百事、纽约喷气机队和通用电气这样的客户，这些都来自强大的平台价值和一个广受关注的品牌或身份。

不要错误地认为这都只关乎市场营销。像这样一个平台需要个人对分享的承诺，并需要你对自己的产品与服务抱有热情。当你分享所学到的东西时，你的热情和信念必须真诚，否则听众很快会对你失去兴趣。维纳查克具有独特的个性，这推动了他的平台向前发展，而且他有勇气、乐观态度和求知欲，能够一往无前地定义新的颠覆前沿，了解这些前沿，并通过各种途径与世界热情地分享他的眼界。不过，他也惹来了一些批评家的指责。

《财富》杂志刊载的一篇文章提到："对维纳查克的常见指责是，他就是一个卖狗皮膏药的（snake-oil salesman）；把这当成生财之道的互联网营销名人越来越多，其中一位告诉那些跃跃欲试的企业家，他们能和维纳查克一样通过社交媒体自我营销、发家致富。"

这篇文章接着表示："2009 年 Gawker 网一篇文章的标题称他为'爱喝葡萄酒的 Twitter 讨厌鬼'，科技网站 Valleywag 指出，他和在 Snapchat 上卖垃圾的迪帕克·乔普拉（Deepak Chopra）是一路货色。"

不出意料，传统新闻媒体也很快就开始批评他，因为他频繁宣扬的平台价值威胁了它们的生存。《财富》杂志刊文指出："《华尔街日报》称他'频繁地过度曝光'。《纽约时报》称他是'不知疲倦的自我推销者'"。

他在一篇文章中以典型的维纳查克风格反驳道："当有人对我说，你能有今天的成果，不过就是因为你在社交媒体上百般吹嘘，我只想说，想看看我的日程安排吗?"

重要的不是加里·维纳查克的个性是否有吸引力，而是新思想和新方法，包括那些来自颠覆前沿的新观点和方法，总是会招来指责——当然，如果不是如此，它们又何谈颠覆性。当未来威胁到现状时，人们就会更重视自我防卫，并开始怀着恐惧的心理思考、交谈和行动。拒绝一个新的有远见的观点要比思考和接受它容易得多。这就是为什么在下一节中，我们将讨论那些具有重要分量的公司是如何选择买家和合作伙伴的，就像选择从哪个卖家购买一样。记住，你要有勇气坚持自己的观点，并在颠覆前沿闪耀出光芒。

维纳查克对葡萄酒行业的影响，与他对企业社交媒体的影响一样有着决定性的意义。维纳查克想让葡萄酒流行起来，他想让葡萄酒成为酒精饮料中的当然之选，而且他想让他的家族酒类专卖店成为那些想买葡萄酒的顾客的当然之选。通过重塑葡萄酒饮用者和社交媒体制作人关于什么更重要的主流意见，他在这两方面都取得了成功。

尽管不是全仰仗维纳查克一人之功，到 2010 年，美国的人均葡萄酒消费量实现了近 20 年的持续增长。根据美国葡萄酒市场委员会的说法，基于尼尔森的数据，在 2000—2010 年，总消费量从 2.05 亿美元增至 2.76 亿美元，远远超过了啤酒和烈性酒的增长规模。然而，更令人感兴趣也更明显属于颠覆前沿的是，这一增长来自两个特定领域的趋势。

首先，在所有的细分市场中，越来越多的人从偶尔消费葡萄酒（称为边际消费）转向正常消费（称为核心消费）。这一转变的部分原因在于，普通饮酒者更容易获得这类酒品，这恰恰是因为像维纳查克这样的品牌和葡萄酒经销商让葡萄酒变得不再那么神秘遥远，也不再那么高高在上。它不再是特殊场合或上流社会的专属酒品，而是每个人都可以喝的饮料，如果他们喜欢的话，每天都可以喝到。

其次，千禧一代市场是所有细分市场中增长最快的，他们明显倾向于较低价位的产品，量产葡萄酒如 Yellowtail，占据了主导地位。长久以来，Yellowtail 是美国最畅销的葡萄酒，它只有两个不同的品种，红葡萄酒和白葡萄酒，这让年轻的和经验不那么老到的消费者在购买这类产品时毫无障碍，不会惹来尴尬。

我们相信，维纳查克之所以需要把他的分享策略推广得如此广泛，是因为他的颠覆前沿需要由他来指导消费者。不像 DPR、ExactTarget 和 Integer 那样各有其目的性很强的客户策略，维纳查克不仅需要促进其当地酒类专卖店的销售，还要促进葡萄酒产品本身的销售。在 2011 年的一次采访中，维纳查克解释道："每个人都在关注内容业务（content business），而我则关注背景业务（context business）。这就是我正在进行的战斗，这就是我所关心的，这就是我所想的，这就是我的干法。每个人都想抛出橄榄球，但我想抓住它。"维纳查克是"内容为王"这一真理的早期挑战者，他相信一切都必须在一定背景下进行。在他的案例中，这意味着在其个性背景下聚焦与受众的互动，而不是像传统的葡萄酒鉴赏家那样泛泛而论。

随着维纳查克在他父亲的葡萄酒产业中承担起更大的责任，他自愿转向颠覆前沿，并大张旗鼓地广泛分享他的观点，这令他的观点家喻户晓，不但对葡萄酒市场的成功贡献良多，更使得他的家族店铺大获成功。在这个雄心勃勃的酒商之子领导下，家族业务规模从 300 万美元增长到 2013 年的近 6 000 万美元。在此过程中，这家企业还换了招牌，成为现在的 Wine Library。

对加里·维纳查克而言，在颠覆前沿定义、学习和分享是他的生活之道。正如他所描述的："以下是我的工作方式：现在是 2013 年，而大多数营销人员还在采用 2009 年的运营方式。我已经尝试像在 2015 年那样去营销，当然还不能像在 2020 年那样去做。我的很多同龄人都知道世界正在向何处去，但不要走得太远，这并不现实。我一直为自己既有远见又非常务实而感到自豪。"

维纳查克在葡萄酒市场中定义了颠覆前沿，即旧与新的交界处。朝着未来的方向走，但不要走得太远，也不要太执着于过去和现在。对他来说，这就是生活之道。我们发现，对于调研过的其他公司以及和我们交谈过的人来说，情况也始终如此，他们不断关注的就是那个交界处。

让思想领导力成为公司基因

具有重要分量的公司不只是把它们的思想领导力当作一种市场策略，它们还在更广泛的思维方式和经营方式中运用思想领导力来产出新的内容。从产品开发到学习，思想领导力渗透到这些公司所做的每一件事情里。每位员工都有义务去思考未来。结果是，这些公司的洞见价值远远超出了典型的内容营销。具体而言，它们用三种关键方法令自己的思想领导力超出同行：

1. 它们发现并专注于对自身和客户最具影响力的颠覆前沿，并在其中投入时间形成最有价值的洞见。这些洞见的内容极具分量，因为这些内容对于它们最需要去影响的人而言非常重要。

2. 它们的见解以经验、数据和协作为基础，研究的深度远非那些想象性的预言或一般性的观察可比。它们的见解能深刻启发其他人考虑业务模式并思考未来应该提供什么样的产品或服务，这是真正的思想领导力。

3. 具有重要分量的公司会受到驱动，从而去挑战行业中的、客户的以及它们自己的那些基本观点。它们想要打破现存世界，从而获得更大的自由，自信地奔赴未来将会出现的那个世界。因此，它们是大胆的，也是具有启迪性的，能促使人们去质疑那些最常见的行业惯性思维。

我们之前介绍过，在 ExactTarget 被 Salesforce 收购之前，蒂姆·科普担任过首席营销官，他曾说过："要拥有思想领导力就不能半途而废。要么你去做，并且要带动整个组织跟上来，要么你就不要去瞎费心了。"他真是说到了点子上。

例如，ExactTarget 的 SFF 报告为许多业务营运部门提供了支持，而不仅仅是市场营销和销售部门。该公司将这些报告用于新员工培训，让员工能在更短时间内变得高效并且能跟上最新的发展趋势。更重要的是，SFF 研究了影响 ET 集成软件的演变，并对其新社交媒体能力的发展起到了促进作用。SFF 所发现的消费者见解被牢固植入该平台的总体设计和功能中。ET 的摩根·斯图尔特解释说："为了获得管理层的首肯，我们要在如何将研究整合到其他组织要素这个问题上形成兴趣点。从产品开发的角度来看，这会影响投资资金的来源，因为他们正是从这里发现将见解转化为软件的机遇。"让我们重申一遍：思想领导力不是内容营销，它是生活之道。

ExactTarget 不仅努力向变革前沿迈进，还努力包装自己的见解，以便将自己的品牌定位为社交媒体中的领导品牌。这改变了买家对 ET 的看法，提升了 ET 的感知价值和声誉，并在这个过程中帮助公司赢得了足够的市场份额，从而压缩了竞争对手的空间，使 ET 成为当然之选。ET 的业务收入在几年内实现了两位数的增长，对潜在买家形成了极大的吸引力。2013 年，云计算之王 Salesforce.com 以 25 亿美元的价格收购了 ET，这是该公司收入的 10 倍。Salesforce 本可以在这个领域收购任何一家软件公司，但它选择了这家已成为当然之选的公司，部分原因在于它高瞻远瞩的眼界，而且 Salesforce 还利用 ET 的平台作为其扩展云产品的支柱。正如 ET 的领导团队会告诉你的那样，当你想建立自己的洞见和平台时，全力以赴才能获得这种成功。

以上是任何人都能做的事情，但你必须投入时间、精力和激情去做。如果你没有足够的勇气把你的想法写下来，对未来不乐观，对当下也不好奇，并且你也不能把这些动力和意愿结合起来，去学习关于颠覆前沿的所有知识并与人分享，你就看不到像维纳查克的企业或 Integer、DPR 以及 ExactTarget 这样的公司所获得的收益。在这些范例中，分享的意愿和能力对于高瞻远瞩的眼界是至关重要的，这反过来又引导形成新的客户关系和以不同方式建立连接的能力。或者我们应该重新思考 Integer 的埃尔斯顿曾经讲过的一番话："我们问，你们为什么要与我们洽谈？他们回答，我们在各地的会议上都能看到你们，而且我们一直在阅读你们的资料。我们必须请你们留在这里，没有你们可万万不行。"对方可是一条"大鱼"，是家蓝筹股公司，而它的意思是，Integer 是当然之选。

第二部分

提升关系

2012 年，加拿大那些最大的食品和包装公司召开了一次行业会议，这次盛会引人注目，因为仅邀请首席执行官及其战略顾问参加。作为下午的主讲人和主持人，我碰巧与百事食品、雀巢、达能和其他公司的各位首席执行官坐在主桌上，其中还有杰夫·摩尔，来自湖滨公司的首席执行官。湖滨公司的名气与同桌的其他公司显然不能相比，所以这让人有些困惑。在这次 CEO 专场盛会上，连赞助商都只能在门厅就座，一家加拿大物流公司的首席执行官凭什么与这些世界上最大的食品公司的首席执行官们坐在同一张桌子上？要知道就连加拿大最大的连锁食品百货店的首席执行官都不在这个房间里，但来自这家不知名公司的杰夫·摩尔却赫然在席。这究竟是怎么回事？

这是因为杰夫·摩尔做了一个决定，他要让自己的公司变得更有分量，要在这个行事方式深受传统观念和惯性思维束缚的行业内成为一家举足轻重的公司。杰夫开始挑战一切，矢志重塑自己的企业，将公司定位为客户的战略合作伙伴。通过此举，公司成了市场上一些最有影响力的公司理所当然的物流管理合作伙伴。

杰夫的努力没有白费，湖滨公司成为一个全面的运输外包和货运解决方案提供商，该公司很快在这方面形成了独特而敏锐的洞见，迅速成为其客户不可或缺的参谋助手。这家公司形成了高瞻远瞩的眼界，并在其所在行业内极尽可能地将这种洞见运用到销售努力中。结果如何呢？

杰夫和湖滨公司在这张坐满商界巨子的桌子边真正占据了一席之地，可以和行业内的一些大佬平起平坐。杰夫成功地发展了公司高瞻远瞩的眼界，并将其运用到自己所在行业的关系拓展中，而这也让他在主要客户的眼中成了非常给力的角色，在影响力、亲和力和人际联络方面大有建树。这并非唾手可得，也不是一蹴而就。要做到这一转变，需要艰苦努力并且持之以恒，这种转变才能如期而至。一旦得偿所愿，湖滨公司的地位就会焕然一新：会带来更多价值，能在竞争中脱颖而出，真正成为其所在市场上的当然之选。

更多人脉产生于三个互不相同但又相互关联的方面。首先，你可以接触到自己所在市场中的关键人物——那些有权做决定，也能在其组织内部产生重要影响的人，他们通常是你的买家。只有接触上这样有关键影响的人物，才能算是"向高处干"。

其次，与那些最终使用或与你的产品和服务有关联的人建立起合作伙伴关系，这些关系能够让你一如既往地了解这些人的最新需求，并专注于解决他们所面临的最复杂的问题。这些合作伙伴关系不一定是与买家建立的（尽管可能是），通常是与那些能够让你拿出解决方案并产生有分量的成果的人建立的。这种合作伙伴关系才是你真正需要的。

最后，你必须全面建立起有意义的人情纽带——包括所有可能会在你的世界里造成颠覆的内部和外部影响因素。这些人情纽带超越了直接的买卖关系，或者从本质上超越了你眼前的圈子，而是深入到更广阔的生态系统中。没有任何客户或者解决方案能够孤军作战。具有重要分量的公司都明白这一点，并且能够在这个充满复杂性的环境中茁壮成长。它们是棋盘上的大师级棋手，这个棋盘就是它们的市场。

在第一部分中，我们介绍了 GHX、小猪扭扭、家佳、DPR、Integer、ExactTarget 和 Wine Library TV，它们都形成了高瞻远瞩的眼界，这让它们得以进入买家的新天地。它们发现了自己的颠覆前沿，并且能在那里学习成长。通过分享，它们可以向消费者、买家和有影响力的人提供一些与众不同的东西。在每个案例中，对其客户、员工和市场而言，这些都是具有重要分量的公司。每一家公司都不断采取新的行动，并开发出更多、更高层次的人脉关系，以提高它们所能提供的市场价值。像湖滨公司一样，这些公司中的每一家都能与市场上正确的人平起平坐，相互影响、合作，并相互联合，通过这些方式为客户带来了不可思议的价值。

本部分所有的内容均关乎像湖滨这样的公司如何在提升关系方面取得成功，当然也包括你如何才能取得成功。那么，你要如何利用高瞻远瞩的眼界来创造更多关系呢？从湖滨公司和杰夫·摩尔的愿景开始，我们来了解一下如何以最让人惊叹的方式改变行业。

第 四 章

影响：向高处干

当你想到那些刚刚从竞争中拼杀出来的公司时，脑海中通常会浮现那些时髦的消费品牌，如苹果、谷歌、宝马。我为上述几家公司工作过，并且可以告诉大家的是，虽然它们都很引人瞩目，而且比任何其他公司都有能力与消费者和买家一起"搞大事情"，但它们并不比我们研究的那些小公司更令人印象深刻，比如湖滨公司。你可能没有听说过，但它确实已经成为市场上的当然之选。

湖滨公司成立于 1986 年，最初只是一家经纪公司，负责在需要运输货物的公司与从事货物运输的卡车主之间牵线搭桥。公司创始人杰夫·摩尔和已退休的合伙人克里斯·马吉尔（Chris Magill）成立了这家企业，为发展业务，他们与自己的客户也就是那些基层货运经理建立关系，与他们一起打高尔夫球，还在周末举行的曲棍球比赛上给他们的子女鼓掌助威。

但到了 90 年代后期，经济形势举步维艰，经营氛围不再那么令人愉悦，不用说，企业利润也更加微薄。制造商们不再关心他们的孩子是否去同一所学校上学，也不再关心哪支运动队会赢。公司更倾向于经济价值挂帅，不太注重长期关系了。结果是，湖滨公司和客户变成了纯粹的买卖关系，只是一味通过自己能够拿出的最低价来取悦客户。这听起来耳熟吧？

还有更糟糕的。湖滨公司的每位销售代表每天都要打 20 个"冒昧"的推销电话，询问客户是否可以在某条运输线上竞标。像当时的许多业内人士一样，为建立关系，公司派销售人员定期向基层货运经理赠送糖果、促销品和比赛门票等小礼物，以图与他们交好。虽然只是一个中等规模的竞争者，湖滨公司每年仍然必须招标并执行数万份个人合同，其中大部分价值低于 1 000 美元。客户始终不停地打电话，要求摩尔压低数千名卡车司机的报价，以便他们达成最便宜的交易。

到了 2007 年，摩尔真心受够了。年复一年，背信弃义、利润空间压榨和私下交易都让他付出了代价，他想，自己要么退出这个行业，要么必须改变这种状况。他选择坚持下去，并决心让湖滨成为一家具有重要分量的公司，而且要用竞争对手无法企及的方法来实现自己的目标。由此，湖滨开始了它努力成为当然之选的征程。

作为一名经纪人，摩尔与物流客户和供应商都有联系，因此，他居于绝佳位置，能够通过自己对行业的了解，在最高层级上发挥影响。他知道哪些公司需要运输，也知道为了满足客户在价格方面不断变化的需求，卡车司机会采取什么样的做法。他看到了系统中效率低下的问题：长途线路上的卡车满载出发，但在卸了一两次货后继续赶往其他卸货点的路上，又会在载货量偏低的状况之下白跑很多路程。由于客户的低效率，卡车司机不得不别出心裁地针对各种附加服务加收附加费用（要挽回由于价格竞争所造成的利润损失）。

摩尔之所以有这些独特的理解，是因为他所处的位置：他正处于一个事关他自己、他的企业和他的行业如何把业务"办妥当"的颠覆前沿上。他有勇气去挑战所有关于物流行业如何运作的惯性思维，并且乐观地相信，它一定会有所不同。同样重要的是，他的观点非常符合现实情况，因为对企业的内外部情况他都足够了解。

摩尔意识到，该行业以价格为手段的残酷竞争实际上并没有降低客户的成本，通常情况下，每票货物到卸货为止的配送成本都在增加。与摩尔合作的基层货运经理正在失去对总体情况的把握。湖滨公司的销售团队向客户承诺，单条线路将为客户节约 5％ 的费用，节约金额高达 50 美元，这对他们非常有吸引力。如果湖滨公司能够优化整体运输方式呢？这可能会为客户节省全部物流成本预算的10％。对物流成本预算达 500 万美元以上的企业来说，这会是一笔非常可观的资金。你是愿意每年总体节省 50 万美元，还是愿意毫无章法地碰巧在某条线路上节省 50 美元呢？

摩尔的计划是在 2007—2010 年整合成型的，这个计划实质上是接管客户的整个运输职能。效率是他们的首要目标。如果一个客户把所有运输业务都外包给湖滨公司，那就不再需要内部运输管理人员，也不需要相关的管理职能。湖滨公司将提供所有服务，为客户节省开支，并使其能够专注于核心业务。它还能比客户更高效地对物流数据进行整理和分析，帮助他们在系统和技术上节省资金。然后，湖滨公司会利用通过分析数据得到的洞见，帮助客户更好地组织货物运输，做出更好的销售和营销决策，从而创作出一个与湖滨合作开展业务就意味着节约成本和增加潜在收入的完美剧本。所有这一切都归结为一个行业运营的革命性方法，让湖滨公司和它的客户都能显著节约成本，并从中获得其他益处。

湖滨公司的口号是："把你的运输部门从成本中心转到利润中心。"这一理念意义深远，但存在一个问题：湖滨公司传统上接洽的那些基层货运经理并不买账。当你决定要向高处干的时候，一般会遇到5个关键挑战，现在湖滨公司就与这样的挑战正面遭遇了。

在正确的人身上投入精力

你应该理解为什么货运经理们会拒绝。湖滨公司的做法不仅挑战了他们对价格的排他性话语权，甚至威胁要敲掉他们的饭碗！对这样的做法表示赞同，就意味着物流经理同意将他的工作外包给湖滨公司。所有那些糖果、门票和午餐会怎样？全都没了！更糟糕的是，他们的工作可能会完全消失。正如湖滨公司的一位销售代表回忆的那样，"我们会把所有资料都展现在他们面前，会把这样做所能带来的特别之处告诉他们，并且告诉他们这样做的益处以及其他各种情况。但是当他们一走出房间，就会把我们说的话全丢在脑后。我们做了大约20次演讲，都是很棒的演讲，但没有任何收获。"

关于如何完成货运，湖滨公司高瞻远瞩的眼界在其目前交往的买方层面遇到了抵制。公司需要与更高层级的人员沟通交流，以助推市场拓展。然而，在那个时候，湖滨公司还没有什么高层人脉，与那些有权力推动整个职能进行彻底改变的高层管理人员之间还谈不上任何互动。湖滨公司的领导层已经冒险挺进到行业的颠覆前沿，并且为自己展望到的前景感到欢欣鼓舞——他们不想打退堂鼓。湖滨公司修炼出了高瞻远瞩的眼界，并且与人分享其观察，但却所托非人。它的各个买家正试图迫使湖滨公司从颠覆前沿退回来，穿旧鞋走老路，回到以做买卖为基础的讨论中来。

这是我们在调研中反复看到的一个问题。提升眼界是至关重要的，但它本身并不能创造出足够的价值让你成为当然之选。创新思维和深刻见解可能会提高你的声誉，但要真正创造出最重要的成果，你就必须利用高瞻远瞩的眼界来提升你的客户关系。湖滨公司面临挑战，它需要在与它想要提供的新价值相对称的层面找到与客户组织合作的方式。

我们已经发现了一些非常有创意的方法来与组织中更高层次的人员进行接触。如果你已经提前做过功课，养成了有影响力的高瞻远瞩的眼界，并将它与一个能够放大信息的平台相结合，你会发现你不必惊慌失措。在湖滨公司的案例中，它决定进行行业审计，以了解客户面对的挑战是什么，以及如何把这些问题解决好。通过吸取教训并结合20多年的行业经验，湖滨公司开始开发新的产品和模型来应对这些挑战，并收集证据来证明这些模型确实有效。

从此之后，该公司就不再把广告业务投放到物流杂志上，而是开始了针对特定行业客户首席执行官的宣传活动。湖滨公司找到那些与这些 CEO 有交集的媒体和专业协会与组织，然后系统地开始"进入到与他们的对话中"，就像杰夫描述的那样，通过展示一些有用而有趣的言论让自己"惊艳亮相"。湖滨公司慷慨地分享自己所掌握的东西，而这一切又得到直接的回报。这就是摩尔能参加 2012 年食品和饮料大会的原因，也是为什么仅仅几年之后他便成为获邀与这些杰出的高管坐而论道的少数战略顾问之一。"依我看，"摩尔告诉我们，"我们在这样的活动中得到的曝光率是在杂志上的 10 倍，因为这些正是我们要找的受众。参加这次活动的 200～300 人就是我们尝试去了解的那些人。"同样，摩尔那天恰好坐在那里也并非运气使然。他的公司已经开始了一项有目的、有针对性的活动，就是要在那些最具分量的人心目中提高公司的声誉，这些人是唯一对湖滨公司令人兴奋的新模式表示赞同的受众群体。任何对通过商业智慧突破"大路货"困境感兴趣的公司，都应该对此给予关注。

我们经常听到一些公司抱怨，它们没有能力接触到"合适"的人，以便在尽可能高的层次上施加影响。要想想你有没有尽你所能进入那些理想的买家所在的地方，而不要期望有机会能在办公室拜会他们，或者期望他们能够找到你。认真审视一下你在哪里花费了自己的时间，自己有没有机会开辟出不同的空间，并创造出与众不同的对话机会？我敢说一定会有的，正是你高瞻远瞩的眼界能够创造这样的机会。

你可能会认为，我们在这里描述的更全面、更先进、更强大的思想领导力只针对 B2B 公司。请重新考虑一下。消费者品牌无论大小，都在利用深厚的专业知识让自己从同质化竞争的供应商中脱颖而出，并且同样能够将其努力集中到更高的层次上。不同之处在于，为了在 B2C 世界中打开局面，它们不需要提升接触对象的层级，就能做到这一点。而在 B2B 世界中，它们需要提升消费者心目中的需求层级。这通常意味着有针对性的市场细分，以确保它们寻求的是正确的消费者，然后定位于那些消费者的高层次需求。这些是它们认为更有价值、更应该满足的需求。

以高层次需求为目标的一个消费品公司范例是 Runners Roost，这是一家运动鞋专卖店，在丹佛地区有 7 家店面，这里的人们都喜欢跑步。进入消费者世界中的运动装备一样会被推向"大路货"的范畴 。你几乎可以在任何地方买到跑步鞋：Target、沃尔玛、DSW、亚马逊、美捷步、Sports Authority、Nordstrom——这一名单还在不断延长中。因此，一家专注于跑步者的专卖店必须建立高瞻远瞩的眼界，要能够有效地影响买家。

Runners Roost 专注于"选择和服务"，但是谈论服务时，他们不仅仅是指礼节和礼貌，他们所指的完全是另外一回事。如果你在一家典型的大型体育用品零售商那里买跑鞋，销售人员（如果你能找到一个）可能会帮你把脚挤进鞋里，蹦出几个关于大品牌的时髦词，然后就会试探着向你推销那些你根本不需要的充满噱头的所谓高科技鞋。而在 Runners Roost，你可以安心期待，在销售过程中真正了解到关于自己和跑鞋的一些知识。

一次典型的 Runners Roost 互动开始于一段对话，涵盖了跑步者的需求、目标，以及他们想要的结果。训练有素的工作人员会询问顾客当前的锻炼习惯，锻炼时哪里会感到疼痛或者不适，以及他们目前是否正在因为某些病痛而接受治疗。然后，工作人员先看着顾客脱掉鞋子在店里走上几步，再让顾客到一台配有录像机和电脑的特殊跑步机上走一走。接着，软件就会利用记录下的资料分析顾客步态的生物力学模式。最后，工作人员会与顾客坐在一起，逐帧观看视频，并解释他们所观察到的状况，以及这对顾客选择运动鞋会有什么影响。当顾客试穿上新鞋，工作人员会让他们回到跑步机上，以查看这双鞋是否真的能支撑他们的步态，并纠正动作缺陷。

正如你所预料的那样，跑步爱好者们非常热衷于跑步并保护他们的身体不受伤害。这些顾客想获得服务，但更重要的是，他们想要专业知识。买到合适的鞋确实是一项非常重要的挑战。对他们来说，作为零售商，Runners Roost 是当然之选。这家公司的名气、员工的甄选能力以及销售经验，都直接瞄准那些看重运动装备的消费者。它创造了一种能在基础商品之上产生价值的体验，结果是开辟出了能够大展宏图的崭新空间。

不过，请想象一下，怎样才能拥有一个能够完成此类服务的销售团队。这需要紧跟潮流，要了解跑步圈中正在发生的事情，并且最好自己也要成为一个跑步者。你的组织里是否有同样的文化？你的员工是否在使用你的产品和服务？你的销售人员是否能真实地讲述有关产品的体验？如果答案是否定的，那么原因是什么？

通常是因为他们认为销售与使用产品是不同的。但是，这样的传统营销推广流程限制了公司提升人际关系的能力。以这种方式运营的公司会陷入过去的困境中，继续就价格而不是价值进行周旋，而且只能对客户组织的底层发挥作用，难以产生深远的影响。销售人员可能会反击，说他们需要更多的人、更便宜的产品，他们需要关注每个月的销售定额，但他们却不知道自己一直在错失真正的良机，以致难以在更高层次上利用好高瞻远瞩的眼界，加入更有意义的讨论。这就是他们一直以来的工作方式，他们知道如何在传统流程中挣到最高的工资，他们可能不喜欢它，但理解它。这就把我们带到了第二个挑战。

调整你的营销推广方法

湖滨公司知道它必须制造机会以进入客户组织中的更高层次。要做到这一点，需要来自组织最高层次完全不同于以往的营销策略、人员配置以及形象设计。同时，摩尔很快意识到，他需要彻底调整营销部门。在许多公司，销售是最令人垂涎的岗位，获得的保护最多、回报最高，毕竟销售会为公司带来收入。总而言之，如果没有销售部门，生产的产品和提供的服务都永远难以为世人所知。这至少是我们耳熟能详的"真言"。

可以肯定的是，在任何组织中，那些畏首畏尾的领导人都不太敢在销售方面（经常还有营销方面）实施变革。但是，如果你想与买家建立起高层次的关系，并利用自己高瞻远瞩的眼界带来经营成效，这就是完全必要的。我们经常看到公司为建立起高瞻远瞩的眼界而进行投入，却遭到销售部门的拒绝，因为"那不是我们的销售方式"，或者因为这可能会给他们带来一种温水煮青蛙的危机感。

实施变革意味着销售人员需要解决更复杂的问题，这往往比简单地卖产品更耗时。可是，那些在颠覆前沿运作的公司，那些想要改变自身在客户心目中的分量的公司，将会突破这种阻力，而且往往会在这个过程中把销售和营销更紧密地联系在一起。

湖滨公司面临的局面很复杂。它正在争取 1 000 条运输线路，其销售人员清楚该如何去做；这是他们已经做了很多年的事情。这是一项艰苦的工作，但这也正是它被称为工作的原因，不是吗？声称你将为某家公司节省 500 万美元交通预算的 10％是一回事，但作为销售过程的一部分，向该公司展现自己说到做到的能力，并赢得他们的信任又是另一回事。如果湖滨公司想要成功，它需要一支更精良的销售团队，要掌握关于客户当前和未来交通支出的数据，并提出有理有据的观点。货运经理可能因为与你畅谈周末的曲棍球比赛或者会在当地的体育酒吧里与你共进午餐而被你说服，但首席执行官不会。

像我们讨论过的其他公司一样，湖滨公司致力于改进销售团队及其营销推广进程。公司开始为潜在客户提供免费的对标分析，而不是像传统做法那样，只顾在销售过程中介绍自己。作为分析的一部分，湖滨公司会向客户揭示运输的真实成本。而且，湖滨公司会将这些客户与其已分析过的其他类似公司进行比较，以展现其新市场策略的成果。

如果你是一家食品或消费品制造商的首席财务官，你怎么会对这个建议说不呢？想都不用想，这是明摆着的事情！这些公司会怀着虔诚的态度来了解总的单位成本，它们会细到分毫，清楚告诉你品牌、广告、材料的费用，以及摊入每件产品的最终单位成本。但是在许多情况下，从成本角度看，运输和物流却是一团糟，非常混乱。湖滨公司就此向你提出应当用数据和实际分析来理清这笔糊涂账，这不仅能解答与成本相关的问题，而且能降低成本。我们是否曾提到作为销售过程的一部分，湖滨公司还会免费做分析？这意味着公司的销售人员需要知道，公司提供的分析所创造出的价值，会大大超过某条线路的低成本优势。

湖滨公司知道其大部分客户都会认可它在运输方面做得"相当不错"。为说服这些组织再往前跨一大步，能将其运输工作外包给公司，湖滨公司必须有力证明这些客户自己实际上做得并不漂亮。"我们必须告诉他们，有哪些事情是他们力所不能及的，"一位湖滨公司高管告诉我们，"还必须告诉客户，他们目前的价值基础以及业务缺乏可持续性。"一旦湖滨公司对某个客户目前的支出结构有了明确了解，它就可以通过模拟形式展现出，如果客户把整个运输职能部门外包给湖滨，就会如何帮助它们减少支出。湖滨公司将向预期客户提供可靠的证据，保证成本能够以多大比例下降，而这样有说服力的数字会发挥一锤定音的作用。大幅度节约成本这样的价值主张，没有任何一个首席财务官或首席执行官能够忽略，特别是当数据明明白白摆在他们面前，而且他们又完全了解公司的业绩时，就更不会忽略了。

通过这种新的市场化战略，湖滨公司成功实现了螺旋式上升。该公司做的分析越多，这些分析和基准测试就越是令人信服。这是因为每次分析都能生成更多数据，湖滨公司可以利用这些数据对新公司的情况进行比较评估，会让客户选择外包的理由更加充分。此外，随着积累的数据越来越有价值，湖滨公司迎来了自己的轻松时刻，不管是在其他公司的高管面前亮相，还是与他们建立联系都越来越容易（他们获得了"门路"，并且有效提升了跨过第一道坎的能力），这又让湖滨公司能够收集到更多数据，驱动这一进程不断向前。

我们不想让湖滨公司努力做到的这一切听起来很容易，实际上当然很不容易。一次典型的基准分析会花费湖滨公司至少 15 000 美元，这相当于公司历史单笔订单金额的 15 倍有余。这一点真值得我们思考一下，要知道这意味着湖滨公司将销售成本提高到了平均订单金额 15 倍的水平。这正是我们早些时候所说的那种每逢大事有决心的公司。

更重要的是，当生意对客户或湖滨公司本身来说不太合理时，销售人员必须能够对低价值交易说"不"，也不应该因此而受罚。要把公司的策略落到实处，湖滨公司几乎必须换掉现有销售团队的每一个人。该公司以往的销售人员知道如何以传统模式进行销售，但不再适应公司现在谋求攻占更大经营舞台的目标，也难以实现公司现在想要提供给客户的价值。该公司需要足够聪慧而且技术熟练的员工来执行复杂的数据分析。到 2015 年，公司的 7 人传统销售团队只剩下一人留任，其他 6 人都被金融和供应链分析师取代了。本质上，湖滨公司的市场团队现在是个咨询小组——与摩尔在建立公司之初所想象的销售团队已经完全不同。事实上，作为领导者，摩尔不得不承认他过去用于构建该公司的销售技巧也已经过时了，而且像公司一样，他也需要与时俱进地成长和发展。湖滨公司是一个绝佳范例，但事实是，我们所研究的许多公司都在以类似方式重建它们的销售职能部门。你必须做出一些艰难的选择，要勇于破除根深蒂固的过时的部门职能，真正打破旧的工作方式。

以市场为导向的原则也适用于消费者模式和内部团队。尤其是在顾客的门店购物体验中，购物流程是非常关键的，这决定了他们的期望及购买方式。丹佛的跑步者专程去 Runners Roost，为的是体验与销售人员的互动交流。读者去专业书店是因为他们知道那里的员工能够引导并帮助他们找到自己想要的书籍。如果说这种通往市场的方法看起来有点"顾问式"的苗头，那是因为通常是你所提供的服务才能让你脱颖而出，而且可以让你创造更多价值并在竞争中先人一步。无论是 Runners Roost 的专业知识，还是在诺德斯特龙百货公司的私人购物体验，或是湖滨公司已经整装待发的"霹雳小组"，正是销售和服务的交互作用给公司提供了更高层次交往的机会：可能是在 B2B 领域与对方高管接触，也可能是在 B2C 领域中与那些具有超前理念的消费者接触。

对于内部团队，要考虑到为了获得资金来实现新技术或进程，或者通过预算审核保住你的人员编制水平，你需要对内部"客户"进行多少次游说。如果把这些都想象成市场化行动，你将看到对接这些内部客户与对接外部客户并无多大不同。你仍然需要尽可能地在较高层面上发挥影响，并且要努力顺应"买家"的"需求层次"，让他们选择你而不是其他选项（选择外部资源或者根本不投资等等）。

到了这个阶段，你可能会想，进行价格竞争会不会更容易一些。你当然可以想出很多办法来大幅提升业务量并开展价格竞争，但你很难以这种方式保持长久的赢面。快速出现的同质化竞争和量升价跌只会让最大的玩家获益，其他人难以获得喘息的空间。我们最常看到的结局是一家公司因此而陷入泥潭之中，左支右绌：既解决不了高层次问题，也难以给出最有竞争力的价格。结果它难以成为任何人的当然之选；随着时间的推移，它的业务量会下降，利润空间也会收窄，在许多情况下，它会成为被颠覆的对象或者被收购的目标。

如果你选择将成为最低成本供应商作为自己单一的价值主张，你就可以找到某些相应的方法并获得成功。我们只是想说明，在许多行业中，绝大多数客户还有着更高的期待，而大部分优秀人才对此也是孜孜以求。想办法解决客户颠覆前沿上的高层次问题，将有助于你在客户心目中保持优先和中心地位。无论你是解决一个复杂的业务问题、帮助消费者满足极为重要的个人需求，还是协助内部团队专注于为内部客户提供服务，你都有机会变得更有分量——解决高层次问题、创造更多价值并在这个过程中成为当然之选。但要坚持做到这些需要勇气，需要说"不"的勇气。对那些坚持将你推回低价值工作的人说"不"，对那些不理解真正伙伴关系力量的人说"不"。

学会说"不"

当决定在客户组织中通过"大动作"来提升自己的人脉关系

时，湖滨和 DPR 都做了两件有趣的事情。除了设法与组织内正确的层级接触并改造各自的销售团队以外，它们还做了一些似乎有违直觉的事情。它们通过开始说"不"而创造了一种"稀缺效应"：如果客户没有兴趣与它们合作以创造尽可能多的价值，那就勇敢地说"不"；如果这个客户不是合适的合作对象，无法让它们提供尽可能多的价值，那也勇敢地说"不"。所有的一切都围绕着创造一个闪亮的结果，即价值创造。与错误的人员合作，或从事错误的工作，都会阻碍创造最高层级价值的最终目的的实现。

这对你而言或许不切实际或者太过简单，但是想想以下这种情况：假如你不再倾注精力去取悦那些（可能永远）不会让你有所斩获的客户——总是把你扯到讨价还价的对话和无情的角力中——而是将精力全部投入到能够与你建立起伙伴关系，并且对你所擅长的工作非常需要的客户身上，结果会怎样呢？我们相信对那些客户而言你会变得非常有价值，你会事半功倍，心情会更愉悦，业务也能蓬勃发展。对工作说"不"需要清晰的思维和勇气，但如果你想成为当然之选，这就绝对不可避免。

现在重新回到湖滨公司这个范例。还记得在新的数据密集型销售过程中，湖滨公司从客户那里收集到了大量内部数据吗？你可能想知道客户是否愿意在销售过程中透露关于其成本结构的相关细节。公司最初认为对透明度的需要可能会构成主要障碍。然而，不是所有合适的客户（那些真正接受最佳实践的客户）都关心透明度。"有客户告诉我们，只要通过会计部门看一下发票就可以。"湖滨公司高级副总裁和首席运营官汤姆·科茨（Tom Coates）这样解释。

设想一下，客户对你足够信任，允许你翻看它们的业务资料，这与典型的招投标报价客户完全相反，后者会对大部分信息严防死守，以确保在谈判中保持一定优势。而湖滨公司不是来客户这里"干一场就走"的，它是要成为对方团队的一部分。选择愿意让你成为团队一部分的客户是非常重要的，这种重要性再怎么强调都不为过；让你所具备的高瞻远瞩的眼界有效发挥作用，以便为客户创造尽可能多的价值，这一点至关重要。

在对湖滨进行研究时，我们有机会看到这个新的价值主张所发挥出的作用。当我们对该公司一位销售主管进行采访时，遇到了一个值得大书一笔的时刻。就在采访这天，一个巨大的销售机会敲响了公司的大门。这家制造商已接触过很多关于湖滨公司 Smart-Source 解决方案的信息，正想评审是否可以变更供应商，将其 150 万美元的货运开支转向"理想的运输合作伙伴"。你可能认为湖滨公司会欢呼雀跃地接受这个机会。完全没有。就像这位销售主管告诉我的那样，"我告诉对方今天就不要继续探讨这项合作了，也不要浪费彼此的时间，等将来我们能够更好地契合你们的需求时，再让我们携手合作。当你们的企业规模变得更大更复杂时，请记住我们是合适的选择，但是你们今天还不需要我们"。

想想看，就在几年前这家公司还在为每天 50 美元的交易额而苦苦经营，同时还要遭受大量客户的朝秦暮楚和竞争对手的阴招暗算，现在这家公司已经有机会接受和谢绝 150 万美元的交易了。我们发现这位销售主管的脸上洋溢着骄傲和自豪，他第一次意识到

"向高处干"的想法让湖滨获得了怎样的成长，这非常令人满意。

也许你正在阅读关于湖滨的案例，感到这是一个鼓舞人心的故事，但是，目前这是一种成本高昂的市场化方式。没错，这确实很昂贵。但这也正是这家公司为何要严格要求自己只与选定的合作伙伴携手的原因：那些每年花费500万美元或更多运输成本的客户，以及那些需要处理复杂货运需求（如跨境海关、监管与合规）或在复杂受控环境下进行交易的客户。因为对这些客户而言，湖滨的方法才是更有分量的，因为它能够创造足够的价值来抵消成本，并可以提供互利共赢的成果。

改变一家公司管理货运的方式是一项极其复杂的工作，在操作上对湖滨公司的要求也很苛刻，因为它必须为每一个客户定制不同的外包流程。此外，所有此类工作和所有解决方案架构（你要记住成本超过了15 000美元）都需要在客户签字之前就提前完成。湖滨需要为客户展示真正能够节约下的成本和可以提供的价值；只有这样，客户才会冒着巨大风险将运输责任移交给另一家公司。要在销售过程中投入这么多资金，湖滨公司就必须清楚地知道哪家公司是优质的潜在客户，而且必须严格地对那些不符合理想模式的客户说"不"，这种理想模式即：较高潜力的伙伴关系和正确合理的工作组合。曾几何时，带来150万美元订单的客户对湖滨公司而言可能就是一座金矿，但现在它就不一定是优质的潜在客户，尽管这家客户主动上门寻求合作。就像湖滨公司的销售主管所解释的，对一家只有150万美元运输预算的公司，湖滨公司"很难为它制定出一个双赢的解决方案，但500万美元预算却有此可能。所以我要求业务发展经理找到这些［有 500 万美元预算的］公司。你必须带来正确的客户。甚至在你打电话之前，就需要确保你对接的是正确的公司”。在进行接触之前，湖滨公司会花上几天时间研究单个潜在客户，只有这样的努力才会确保足够高的命中率，并且能获得潜在客户高管的热烈欢迎。

你可能已经有疑虑，“向高处干”是不是触发了古老的“鸡生蛋还是蛋生鸡”的难题。你需要预先确保获得收入，以弥补制定这些高价值解决方案所耗费的成本，但如果你每天只顾追求交易，你又永远都不会有能力做到这些。正如摩尔告诉我的那样，在 20 世纪 90 年代，他的公司花费“一半的时间赢取运输线路，一半时间则用来解决各种迫在眉睫的问题”。

要成为当然之选，你需要打破“鸡生蛋还是蛋生鸡”的悖论。你需要保持冷静并让初始投资转到颠覆前沿，形成引人注目且高瞻远瞩的眼界，在此基础上制定有价值的解决方案，然后向提出高层次问题的客户销售你的解决方案。你必须坚定信念，只把这些解决方案出售给那些有能力对此说“是”的公司。否则，你最终就会心烦意乱、筋疲力尽，变成一家泯然众人的“大路货”公司。还记得上一节的 DPR 吗？其共同创始人道格·伍兹告诉我们，“你不能孤注一掷，因为觉得市场形势紧张，就开始饥不择食地招徕一大堆低价交易；这些的事情你已经忍受得太久了”。对于所有与我们交谈过的成功公司来说，可以说“不”的自由给予管理层足够的空间来做那些有分量的工作，跟有意愿与他们合作的客户建立起合作伙伴关系，而不是像典型的供应商那样仗势欺人。

对客户而言，有分量的公司普遍展现出清晰的思维能力，它们清楚了解自己能在哪里能增加最多的价值以及能与哪种客户合作，并且有勇气谢绝短期内的盈利机会。这种说"不"的能力可能看起来令人吃惊，但你可以看到，最成功的公司始终都推崇这种做法。史蒂夫·乔布斯说过一些令人兴奋的话，如"活着就是为了改变世界"，"我们把屏幕上的按钮做得极致漂亮，让人忍不住想去摸一摸"。在苹果公司内部，乔布斯最著名的口头禅是"不"，他会说："创新就是对 1 000 件事情说'不'。"乔布斯就是采用这种方式让一家曾经只剩下 60 天现金量的公司起死回生，一跃成为世界上最有价值的公司。与竞争对手相比，他在研发方面花费的资金要少得多，然而他推出的却是卓越的产品。他做的事情更少，然而却做得更好，最终，他为自己最有影响力的客户提供了更多价值，从而让自己更有分量。

如何才能更有洞察力？可以问问 DPR 的朋友。当道格说你不能孤注一掷时，他不是在开玩笑。受到公司与管理大师吉姆·柯林斯（Jim Collins）合作进行的工作启发，DPR 形成了"红色地带"的概念，客户必须符合这一概念，DPR 才会将其视为潜在合作伙伴。柯林斯提出公司应当询问的三个问题是：

1. 这是我们可以比任何其他公司做得更好的事情吗？

2. 我们是否对此充满激情？

3. 它是否会刺激我们的经济引擎，加快我们的发展？

DPR 把柯林斯的三个问题进一步拓展成了包含十一个问题的诊断方法，每个问题都能够以"是"或"否"来回答。这些问题包括

"与客户一起工作很有趣吗?""他们是不是想寻求购买服务而不是商品?""他们看起来可信吗?"以及"他们是否居于 DPR 的核心市场之一?"等。如果 DPR 的销售团队有三次回答"否",DPR 领导团队中便会有一场更深层次的讨论,或者干脆拒绝继续开展这项工作。是的,他们很挑剔!

你可以尝试思考一下,你认为理想客户的标准是什么?什么会让你对客户说"不"?如果应用这两种筛选方法,会对你目前的客户组合产生什么样的影响?说"不"需要自律和勇气,但想要提升人际关系并创造更高的价值,说"不"又绝对是至关重要的。

正像 DPR 一位高管所说的,"我真为我们知道应该向什么以及向谁说'不'而骄傲。所以这真的很棒。这是我们一个非常重要、非常强大的特征。在需要拒绝时说'不',让 DPR 能够在关键时刻有能力说'是'。"DPR 能从同质化竞争的陷阱中逃脱,帮助供应商重新夺回在其市场中已经失去多年的份额。

确立清晰的标准

我们调研过的最成功的公司不只在选择客户和工作时运用严格的标准去说"不",在接手工作时它们也会运用同样严格的标准,而且不只针对自己的行为,对客户的行为亦然。DPR 非常清楚,不追求工作,而是要与客户结成合作伙伴关系。某项工作或许有重要分量,但与合作伙伴的关系分量更重。如 DPR 的区域经理杰伊·利奥波德(Jay Leopold)所言:"如果一味追求工作,你就会错失良机，就完全误解了所有具有重要分量的事情。你应该追逐客户，尝试与他们、与所有人建立起一种真正的关系，从而基于对他们重要的事物而创造价值。"

DPR 有一个极佳的方式用以处理传统上很粗略的签约流程。在开始与新客户对接项目时，该公司会与客户进行一次特殊会话，其中的关键利益相关者会定义项目的核心价值。想象一下，一群建筑人员汇聚在一处僻静的地方，在炉火旁高唱"圣歌"，并就在项目期间及其后如何对待彼此达成一致。请记住，在他们所处的这个行业，最终闹上公堂的司空见惯，涉及的都是数百万美元，有时甚至是数十亿美元的项目，持续数年，所以自然会产生纠纷。不过，在团队建设对话中，DPR 及其合作伙伴会协作开展解决纠纷的流程，而无须律师参与，他们详细讨论计分卡、报告和其他工具的使用，从而使各方可建立一种信任关系。DPR 及其合作伙伴甚至会为每个项目编写使命宣言。

对客户提出高要求并在第一次定义之后长久地坚持这些标准，这需要真正的勇气，但由此得到的结果配得上这种坚持。其中不仅包括持久、忠诚的关系，还包括更有意义的工作。迈克·福特（Mike Ford）是 DPR 管理委员会的一员，他讲述了当 DPR 完成在弗吉尼亚凯撒医疗中心的工程后，参与项目建设的工匠们在开放日现身，在新病人进入大门时帮助接待和问候的情景。他解释说："这座由他们亲自参与建设的崭新的楼房是为公众提供社区卫生服务的，他们与之形成了感情联系。"

让这些工人感受到情感联系的一个重要原因是他们感觉自己受

到了重视。凯撒医疗机构始终善待他们，让他们能有新的视角来看待这个项目，这不仅仅是一份工作，而是一件有着特别意义的事情。

DPR 甚至并不满足于建立这种水平的伙伴关系。公司的高管将继续大力推进，想办法让自己与客户并肩同行。事实上，他们已经加大了推动力度，接受了一种被称为"综合项目交付"的建筑业新标准，我们将在下一章作更多介绍。

当然，标准的设定并不是由 DPR 和其他同行单方面决定的；这关乎为公司自身行为设定更高的标准，以提高其在最高层级上发挥影响的能力。在向客户说"不"并婉拒工作时，这种影响力具有重要意义。曾经有一家大型零售商找到 DPR，想请该公司帮助建设一个数据中心。这家零售商的高管曾在会议上见到 DPR 的高管展示公司的一些洞见，并相信 DPR 是正确的合作伙伴。但 DPR 坚决拒绝了客户的要求，因为 DPR 的主管认为，对客户而言这项投资不是一次很好的交易。DPR 看到了在这个领域中技术非同一般的发展速度，而且这位主管认为该零售商应当专注于核心业务，从别处租赁现成的数据中心才是明智之举。试想一下：有一位客户提议与 DPR 进行合同金额高达 2 000 万美元的合作，而 DPR 却拒绝了这项提议，并建议该客户不必花费巨资建造自己的设施。

令人高兴的是，长期来看，这样的定位通常会提升 DPR 的优势。一位 DPR 区域主管告诉我们，他的公司刚刚赢得两项梦寐以求的工作，两项工作都不需要通过招投标决定。在这两个案例中，"我们很早便与客户共同工作，剔除他们企业中的不利因素，毫不夸张地讲，我们会做客户所需要的一切。我们想要与他们合作，我们信任他们，找到了与他们合作一个小项目的机会，并且取得了不错的效果，这样当轮到真正的重头戏时，他们就会对我们报以信任。我们坚持做正确的事情，即使这些事情可能在短期内看不出什么效果，但这样一来，当重要机遇出现的时候，客户就会了解我们，而且会凭经验和相关人脉关系选择我们。"

DPR 的案例表明，影响力不仅与你所交谈的人有关，还与你如何表现自己以及你期望客户如何与你互动有关。如果你是在正确的水平上发挥影响，并坚持让客户参与，那么每个人都将受益。了解到制定高标准并坚守这些标准确实有助于获得最佳结果，这难道不是令人耳目一新的见解吗？我们可以是理想主义者，并表现得像个理想主义者，但我们还可以更进一步；反过来，即使我们利用礼物或钞票来招揽客户，也未必能达到这样的成果。这是有分量的公司才会了解的秘诀，也是更多组织可以坚持学习的诀窍。这直接导致你在努力提升人脉关系时会遇到最终挑战——你需要真实面对未来的自己。

真实面对未来的自己

埃米尼娅·伊贝拉（Herminia Ibarra）倡导人们忠于未来的自己，这是人们真正计划并希望成就的自我，而不是当前的自我，即使这个未来的自我可能无法完全清楚地表达出来。我们认为这也适用于组织。到目前为止我们强调的所有"影响力"方面的挑战，取决于你做这样一件事的能力：真实面对未来的自己。这是清晰的思维能力和勇气之所在，也需要相当大的勇气来看清变成当然之选的方式。你必须知道在业务方面想要成就怎样的自己，想与谁一起开拓业务，然后完全专注于这一目标。同时还要对行业变化保持开放心态，对发生在你周围的颠覆前沿继续进行综合分析，并保持敏锐的观察。了解在基础层面上你想要成就怎样的自己，将允许你关注需要关注的地方，同时与周围的生态系统保持广泛联系。

这听起来既容易又困难，不是吗？有时像名字这样简单的事情在定义未来的自己方面也很重要。在吸引可能"懂得它"的高管这一方面，湖滨公司最初很难引来关注。就像公司的市场调研所显示的，这是因为该公司仍然被视为一家典型的"物流公司"，这是一个绝对单调乏味的公司类别，规模可以从单人单车的个体户到有100 000辆卡车在路上奔跑的大型公司（如联邦快递）。不管怎样，湖滨公司需要重新定位其在买家心目中的地位。

当其业务战略和运营能力发展到位后，湖滨公司还面临着转变加拿大制造业对运输职能的看法这一障碍，这是一种真正的思维范式转换，即从视运输为开展业务的必要成本，转变为将其视为一种战略功能，能为企业带来价值和业务知识，并在贯穿企业的每一个角落培养出创新意识。

为应对这一挑战，湖滨公司需要一个战略沟通伙伴来帮助改变加拿大国内有关运输的舆论基调，并将公司打造成高管心目中的战略合作伙伴。湖滨公司选择与加拿大一家整合营销传播公司 Jan Kelley 合作，这家公司在品牌成长、战略传播和客户体验策划方面很有专长。Jan Kelley 与杰夫和他的领导团队合作，迅速找到一个把公司传统和一句口号结合起来的机会。这句话一方面能体现湖滨公司员工的素质，另一方面能向目标受众发出一个强有力的行动号召，这就是应运而生的"智慧湖滨"（Lakeside. Be Smart.）这一宣传语。然后双方合作在市场中推广这一品牌，并将这一新定位转变为公司的业务发展模式。这样努力的结果便是形成了以发现过程为中心的精细化咨询式销售方法，这种方法能及早发现客户需求与湖滨公司业务能力之间的契合点。

对湖滨公司而言，这可不仅仅是一句口号。"智慧湖滨"为公司定义了新的生存之道，与市场中关于物流的负面看法划清了界限。扫清这一认知障碍后，湖滨公司就可以开始建立"智慧"声誉并掌握先机——成为具备高瞻远瞩眼界的公司。该公司正从组织上定义未来的自己。摩尔告诉我们："通过自我定位成智慧型的公司，并将价值主张阐明为你的'理想的运输部门'，我们就能够远离所有杂音。我们没有成为其他物流公司的同类比较对象，而是另辟蹊径朝着全新的模式发展。""智慧"还逐渐定义了公司开展业务的方式，决定了湖滨公司的销售方式、营销方式及其与客户建立关系的方式。事实上，它定义了湖滨所呈现的整个行业模式，它主张"智慧型运输"。该公司甚至将"智慧"概念植入其网站（www.lakesidebesmart.com）之中。

对具有重要分量的公司而言，人脉有多重要？关于这个问题，还有段有趣的题外话。当我们初次撰写本章中湖滨的案例时，没有涉及 Jan Kelley，只关注湖滨本身。但杰夫不赞成，他想做到实事求是，何况 Jan Kelley 还是他们的合作伙伴。湖滨公司认为自己若想要客户展现出什么样的合作行为，自身首先就要展现出同样的行为。在下一章，我们会花更多篇幅探讨合作关系的理念，因为这对具有重要分量的公司而言至关重要。

湖滨公司真实面对未来的自己，当然，它的"智慧"定位也预示着其面向未来的真实性的另一个维度：建立一个能让自己和客户进行互动的品牌。以一种能让你在合适水准上合作的方式在市场上表现自己，这一点至关重要。湖滨公司已经准备好要在客户的生活中扮演一个新的角色，即理想的运输合作伙伴。它需要帮助客户搞明白与湖滨公司合作是明智的做法，通过智慧经营，客户可以改变自己开展货运的方式，在这一流程中节省大笔资金，同时能心无旁骛地专注于核心业务。

到目前为止，我们已经用了大量篇幅来探讨中大型组织，有趣的是，当说到定义和真实面对组织的未来愿景时，我们相信规模稍小的公司有一定的优势，它们必然可以通过学习产生远超其企业规模的影响力。例如我们在俄克拉何马州塔尔萨的研究对象利特菲尔德代理公司（Littlefield Agency），这是一家 30 人规模的营销和广告公司。没错，是在塔尔萨，距纽约和加利福尼亚的媒体中心有几千公里远，深处内陆。2015 年，公司迎来了成立 35 周年，它始终以在区域内步步为营的业务深耕而自豪，即使其工作获得过全国性奖励，它也无意成为在多地开展业务的全国性公司。该公司雄心勃勃，但这并不意味着公司的高管们渴望把公司发展到庞大规模，他们更感兴趣的是做一家在家乡塔尔萨举足轻重的公司。

自 20 世纪 90 年代晚期以来，该公司一直以小搏大，不断抵御沿海竞争对手的冲击，达成并保持着与 BOK 金融（美国最大的 50

家银行之一）、Ditch Witch（国际领先的地下建筑设备制造商）等
高价值客户的合作关系。公司坚持以合作伙伴的方式与客户进行业
务交往，并且在知道客户犯有错误或承担了不必要的风险时，愿意
对其提出质疑。公司创始人大卫·利特菲尔德（David Littlefield）
解释了他的想法："如果我们能对它们的战略有一些发言权，我们
就会达到最好的工作状态，并且能让客户看到最显著的成果。我们
由外向内的视野代表着客户的观点，这种视野会为有关战略品牌的
坦诚讨论带来巨大价值。"

　　回想 1995 年，大卫·利特菲尔德和他的同事们听说了一些英国
广告公司的成功案例，这些公司采用新方法来开发宣传策略，而这
样的策略在很大程度上依赖于定性研究，即小型的互动性焦点小组
和个人访谈，甚至包括到商店和住家走访，以此获得消费者的真实
想法和感受。英国人称之为"客户规划"（Account Planning），使
用一种高度严谨的研究性学习方法，深入探究人们进行购买决策时
的心理状态。客户规划的严谨性要求把猜测剔除出创造性的宣传过
程，因为公司要向品牌的最佳客户和预期客户证明这些是最有针对
性的宣传策略，这会让客户更有信心进一步进行营销投资并更有机
会提高其投资回报率。

　　今天这看起来可能显而易见，但在当时的北美中部，这并不是
人们常规的行事方式。那时掌控着广告业的高管们仍然是类似于
《广告狂人》（Mad Men）中的角色，认为强大的创新能力是成功的
关键。他们兜售的是创意和点子，相比之下，利特菲尔德想提供的
是结果。当然，他们总是乐于接受传统的调研，但客户策划这种方

法能够提供更深入、更丰富的消费者见解，所以利特菲尔德把这一研究方法置于该公司价值主张的前沿和中心位置，而不是把那些"广告狂人"的创新能力放在同样的位置。也许因为其公司地处偏远区域，利特菲尔德不怕尝试新方法，并能因地制宜地加以改造利用。说真的，这样做又能失去什么呢？

大卫和他的同事们把这一思想传递给了他们的客户之一——BOK 金融。这家银行原本习惯于仅仅基于其内部视角来决定定位策略。利特菲尔德上来就说，"但我们怎么会知道这一信息是不是符合客户的需要呢？"再者，这听起来显而易见，但是要问问你自己：你是不是经常假定自己知道客户的需求？你是不是经常在内部会议室里与你的团队一起闭门造车，以形成你的市场和销售宣传信息？你是不是经常实际验证什么会在市场上形成共振，然后围绕其建立你的价值主张？如果你与利特菲尔德公司合作，除了验证市场，你将别无选择！

因为在交易中多了一点激情和信念，再加上银行营销领导层态度的转变，利特菲尔德成功说服银行尝试进行"客户策划"。这些努力得到了回报，公司的宣传变得更加有的放矢、更加中肯恰切。客户与公司关系更密切，还有潜在客户主动选择与公司建立关系。这些成功助推了利特菲尔德的崛起：其与银行的业务增长了近 10 倍，价值回报也实现了同样幅度的增长。这家银行不是在策略制定后很久才将营销工作托付给利特菲尔德公司，而是让该公司与其资深高管早早就对接上，从而确保银行的品牌在产品饱受同质化过度竞争困扰的行业中仍然成为一个促进其实现差异化的因素。

　　你需要汇聚内心的毅力和自信，迈出第一步，虽然从传统的眼光看，这像是疯狂的举动。你需要提供更多价值，从而争取与更高层领导接触的权利。你争取这种权利的方式就是不断努力进步，并占有自己的一席之地，有时还需要付出一定的个人代价。当同质化竞争的威胁步步紧逼，不要为了快速成交而放弃你的价值观。要重申这些价值观，即使只有很少的客户能理解，这为数不多的客户正是你所需要的。选择你的客户，不要让他们选择你。要选择你的工作，切勿为了赚那么一点钱就完全同意做任何事。

　　最重要的是，要找到未来的自己并忠诚相待。这么做总会有回报。避免陷入同质化竞争困境的唯一办法是真正做到与众不同，这能使你从讨价还价式谈判的泥沼中解脱出来，并让你有机会成为当然之选。不是每个人都能做得到，但如果你愿意自信地站在颠覆前沿，并帮助客户与你并肩作战，那么你就能做到。如果你同意，那我们还有许多工作要做，所以让我们继续探讨拓展高层次人脉关系需要关注的其他两个关键领域：通过纵观全局建立起有吸引力的合作伙伴关系，并建立起人际交往。

第 五 章

合作：用心交往

你有没有过这样的人际关系，无论你说什么做什么，总是会导致争论或分歧？在这样的关系里，似乎你所做的一切，即使出于一片好心，都会被对方引申为你不可信的证据，进而引发对你更苛刻的评价，导致你做出消极反应，然后进一步强化了他们的印象，最终使这段关系急剧降温并恶化。大多数人一生中都遇到过这样的情况，这种感觉真的很不好。我们希望你能反思这些经历，但不要在这样的关系中纠缠。

你有相反的经历吗？在这样的关系中，你采取的每个行动以及你做的每项投入都会受到欢迎和赞赏。在这样的关系中，感恩和积极的反馈激励你为对方做更多的事，反过来又让他们用言语和行动回报你。双方的每一步都会让关系持续升温，这段关系也能长久保持。

我们遇到的那些具有重要分量的人、团队和公司——都是各自市场中的当然之选——都会追求并有意识地去创建这种关系。我们称之为有吸引力的合作伙伴关系（engaged partnerships），并且如果你想创造更多价值，就要有能力与客户和其他关键利益相关者一起持续建立这样的关系。

那些最优秀的公司会以这种最靠谱的方式对关系进行投资，而这些关系所创造的回报又足以进一步证明投资的合理性。它们没有将人脉作为成本去管理，而是视为自己创造价值的能力的关键所在。它们知道，不仅要在颠覆前沿看到机遇，同样需要搞清楚如何形成解决方案，这样才能创造出更多机遇。它们需要超越专业性关系所特有的那种或热情握手或视若寇仇的特性，与消费者或客户建立起一种合作伙伴关系。在调研中，我们不断发现最优秀的公司会以三种方法来建立这种类型的合作伙伴关系。

首先，具有重要分量的公司会准备相关方案或模式，以便与那些能够互相理解的客户和潜在客户建立合作伙伴关系。它们不会仅仅依靠某一桩交易，也不会倚仗过去的关系有多铁，而是不断进行必要的再投资、再创造，不断强化理解共识，以确保创造出更多价值，另外它们也会构建方案来支撑这种有吸引力的合作伙伴关系。这些动态方案所促成的理解水平会让那些公司总是消息灵通，能先于竞争对手看到机遇。无论采用哪种方式，它们都会打造一种持久的合作伙伴关系来满足客户需求，而这对提升关系至关重要。

其次，最优秀的公司通过运用自己的见解，将其转变为更具吸引力和充满活力的客户体验，从而强化它们为合作伙伴带来的价值。它们将自己的想法转化为洞见，并将其投入实际应用。对客户而言，这一积极成果鼓励他们进一步共享和开放，从而产生更有用的洞见和成果。

最后，它们把自己的成功系于客户的成功，并帮助客户消除成功道路上的障碍，在某些情况下，它们甚至从财务角度将自己的成功与具体客户的成功直接联系在一起。投入并不总是财务上的——许多方案可为服务的卖方和买方创造出共生事业，大家可以实现共赢。这种互利共赢、风险共担的合作伙伴关系营造了一种信任度，能够激发形成更多的人脉关系。通过提高透明度并消除利益冲突，最优秀的公司营造了必要的协作环境，以解决那些最复杂也最有意义的挑战。

能够做好这三件事的公司会激发客户主动找到它们，并发展成战略合作伙伴关系。这些公司与客户共同解决问题，会产出更多价值，最终使双方都成为各自市场上的当然之选。

对你而言，这些合作伙伴关系可能是与你或你的团队每天所服务的内部客户之间的关系，也可能是与外部客户（即你的公司提供的产品和服务的买家）之间的关系，甚至可能是与那些对你的业务具有重要意义的供应商，或者与其他行业参与者/团体之间的关系。不管对象是谁，这些伙伴关系都可能推动产生一些仅靠竞争根本无法复制出的价值。让我们看一些公司的范例，这些公司设法在以下三个领域中建立起具有吸引力的合作伙伴关系。

建立密切关系并实现互相理解

即使只是粗略了解一下加拿大德勤会计师事务所（Deloitte

着同样的自豪感。

部分原因就在于"最佳管理"绝不仅仅是一个公关项目，它还能为参与者带来难以置信的价值，这远远超出了它们与一家专业服务机构其他任何类型的关系。此外，"最佳管理"项目的根本目的是反映德勤加拿大对于支持加拿大经济健康发展的决心。一位从早期开始就支持该项目的合作伙伴告诉我们："许多私有公司正在做一些非同寻常的事情，正在逐渐成为经济支柱。你可以听到许多关于企业家重要性的讨论，却几乎没有人做任何事情来理解和帮助培养这些具有全国性影响的企业领导者。这就是该项目的初衷——通过培养更多的企业家来为加拿大做贡献。"

虽然德勤加拿大的公益精神给我们留下了深刻印象，但我们最感兴趣的是，"最佳管理"如何通过建立对双方都具有重要价值的持久关系，完全把参与者的价值和德勤加拿大的价值整合起来。"最佳管理"项目的设计为德勤加拿大开拓出一条宽广大道，不仅使其能够深入了解客户和它们面临的挑战，而且能与时俱进地更新相关的理解共识。这是一个能永久推动德勤与这一关键细分市场之间密切关系的项目。

我们与马尔科姆·亨特谈话的时候，已经是他参与"最佳管理"项目的第 18 个年头。他向我们提到："我过去总是害怕接受'最佳管理'教练的采访，因为他们很擅长自己的工作，你啥也藏不住。"当被问到现在是否比较容易的时候，他断然否认："每次都很难，这种感觉一如从前。仍然很艰难，因为他们不断提高门槛。"他非常看重参与这一项目带来挑战和严峻考验，因此他每年都要排队参加这一强化过程。

"最佳管理"可能是现今可资利用的最基础、最全面的调研，测评人员会深入加拿大中端市场企业的生活和工作实践场景中。在调研认定的第一阶段，公司整理出关于业务策略的信息，包括绩效、战略和管理方法以及其他许多重要数据。每年至少有 10 000 家企业受邀加入这一阶段的调研，德勤公司可以借此对市场进行综合性的、以数据为基础的全面观察。

在第二阶段，数据收集更加细致，相关公司会参与一项定性的深入研究。德勤加拿大从参加了阶段一的公司中选出 200～300 家，参与加拿大帝国商业银行和德勤加拿大提供的为期 12 个月的强化辅导过程并参加考试。这种高质量辅导对公司完全免费，并且能够为管理人员提供一种途径，以对自己的行为和竞争力形成新的自我认知。当教练们带着企业高管共同经历这些环节，德勤加拿大对这些企业形成了独到的看法，从而能够提供它们所需的洞见，只有和企业愿景、战略等结合起来，这些洞见才能发挥出应有效力。

如果你能够从一个世界领先的咨询机构获得免费辅导，同时还能够获得全面的视角，了解到其他类似的公司如何解决最复杂的问题，你知道这对你而言有多么难得吗？同时，该项目还提高了德勤加拿大更精准地开发相关内容和服务，以满足这一高价值目标市场的需求和愿望的能力；该项目使德勤加拿大成为更好的顾问，为客户提供具有重要分量的指导。

该项目能生成开展大多数市场分析所需的基本数据：规模、增长率、职员总数等。由此也能产生有关这些公司共同行为、抱负和挑战的真正洞见。德勤加拿大可以以一种无人能及的方式对数百家公司进行对标和基准分析，简言之，德勤加拿大已经开发出一种资产，可以为客户和自身创造价值。结果如何呢？德勤加拿大可以为这一特定市场的客户提供更周到的建议和更富有成效的引导，帮助它们获得更大的成功，并能更上一层楼，眺望加拿大中型市场企业更加健康发展的远景。

更关键的是，该项目建立起能够让客户和预期客户年复一年参与其中的平台资产，因此它总能保持新颖鲜活。在每年一度的盛会上，我们会与这些公司齐聚一堂，了解它们与德勤教练之间的联系。这超越了任何类型的业务关系。该项目创造了获得洞见的机会，这些洞见不仅可用于实操，而且非常新颖、有活力，能够与时俱进地更新。德勤加拿大甚至每年与数千家公司共同重复进行这一调查，由此可以感受到加拿大中型市场的发展脉搏，这为高管们的思维和决策打开了新的观察角度。这些新颖而有见地的数据使德勤加拿大成为中型市场客户的首选。

德勤加拿大的洞见是最"潮"的，因为它所依据的关系每年都会通过甄选过程进行更新，而且德勤自身也被编织到客户组织的结构中。在面临有关产品和服务开发的投资战略决策时，德勤加拿大的高管和决策者已经掌握了客户公司核心目标市场目前的发展脉络。他们能有意无意地运用这种洞见，为客户创造最大价值。对于中型企业的领导者而言，德勤这种知识专长令人极为信服，这在其他地方几不可寻。

"最佳管理"项目最吸引人之处是它能让参与者成为回头客。

他们回头的原因是参与的价值就摆在那里。德勤可以跨越多个经济周期对中型市场公司的财务业绩表现进行对标和基准测量，可以就特定公司的财务健康状况与那些处于成熟期和成长期不同阶段的数百家类似公司进行对比。德勤的领导者比其他任何人都更清楚这些公司所处的发展阶段，以及中型市场公司关键时刻的发展拐点。德勤可以预测 CEO 们将要面对的热门话题、他们可能遇到的挑战、将出现的机会等。德勤加拿大的"最佳管理"项目比任何一位专家或 CEO 都更能精准洞察如何成功地发展业务，比任何白皮书都要有效，因为它能提供机会让你与那些处于同一战线的伙伴对话并听取他们的意见。更妙的是，回头参与者越多，新加入的参与者也就越多，参与者和德勤加拿大的项目的关系也就越紧密。

德勤加拿大会告诉你，被认定为"最佳管理"公司的那些参与者将继续指导下一代参与者。它们收获的洞见会帮助造就更好的公司，反过来又能激发出新的更佳洞见。获评的公司可以向"最佳管理"项目推荐其他公司参与，也会为该项目及其价值提供担保。项目规模越大，评定就愈加声望卓著；项目运行时间越长，累计参与的企业越多，对德勤加拿大而言，同样的过程就越有价值。中型市场越强大，德勤加拿大的市场就发展得越好。"最佳管理"已经成为对所有参与者都非常重要的项目，它所产生的价值是难以衡量的。

不断有新的动作，始终让关系处于演进之中，是助推德勤加拿大业务发展的另一种方式。这让德勤不断有机会接触市场，有助于其建立商誉。在一次采访中，该公司的合伙人告诉我们，他们之所以对"最佳管理"项目这么投入，是因为在某种程度上这可以让德勤一直保持与这些公司"同框出现"。他说："专业服务公司的业务发展是一项长远的事业。在像'最佳管理'这样的关系开发方法中，一个项目可能会持续5～10年的时间。除了在加拿大弘扬企业家精神之外，我们最初在'最佳管理'方面的投资都是为了能与有价值的客户'同框出现'，这样我们就可以在这个舞台上占有一席之地，能够了解许多不同的公司，以及不同的CEO。这些公司将发生改变，它们将主动并购或者被收购，它们会成长和发展，而我们会在那里有一席之地，在它们需要的时候向它们提供建议。凭借对它们和像它们一样的公司进行年复一年的投入，我们公司建立了良好的商誉。"

"同框出现"意味着与你的客户肩并肩站在一起，实际上就是在他们的地盘上与他们会面——在会议室和走廊交谈、在规划会议上参与商讨，在自己获取商机之前，先为对方增加价值。德勤加拿大通过将客户企业的领导者纳入"最佳管理"审查程序做到了这一点。除了"最佳管理"之类的项目组织和结构，还有其他方法能够培养出具有吸引力的合作伙伴关系，也能激发类似层次的洞见。例如，有些公司直接将其伙伴关系培养嵌入与客户相关的账户模型中。

在调研过一家促销品公司后，我们发现了这种具有吸引力的合作伙伴关系的绝佳范例：Product Promo公司。当你想到促销品时，最先想到的可能是方便的T恤，或者你最喜欢的体育明星玩偶。这都不是什么尖端的东西，正如你所料，促销品行业的进入门槛确实很低，每天都有新玩家加入竞争中来，从怀揣T恤样式新点子的大学生，到 Staples 这样配有促销品目录的大型连锁店，各种类型都有。由此导致的行业碎片化，使大多数客户组织的推销方法都不成熟，采购人员将促销品视为普通商品，只希望价格一低再低。

但如果你抱着这种想法去 Product Promo 买东西，那可需要一点运气。像湖滨公司和 DPR 一样，Product Promo 公司很可能不会接受你的订单。该公司要求客户规模足够大，并且能够长期合作，如此则投入资源来深入了解客户的独特需求与愿望才有其合理性。客户还必须认识到促销品在品牌建设中的威力，他们必须愿意让自己的促销品合作伙伴参与进来，并帮助他们从头开始创建品牌上市计划和相关的概念。

与竞争对手不同，Product Promo 公司将自身嵌入客户的内部创意团队中，通常是在负责品牌建设的营销部门。他们想在你的公司要一张办公桌、一张门禁卡并参与相关的工作。该公司从一开始就想促进客户的品牌发展，希望能在战略层面上有效运用推销手段，以便能在战略上支持营销活动的开展。其成果是让客户能够更有效地利用促销品推动销售。与此同时，Product Promo 公司形成了对品牌、产品投放以及营销活动的深刻理解，能使其避免陷入同质化竞争的噩梦。随着时间的推移，这种严丝合缝的市场策略能让 Product Promo 公司在商品供应方面逐渐崭露头角，成为当然之选。除了促销理念的发起人，客户还会买谁的账呢？这些人已经成为一个创新团队中相当有价值的成员。

Product Promo 公司的"同框出现"战略确保该公司的销售团

队能在客户公司的大厅里漫步畅谈，与客户的团队成员进行自然而然的交流。该公司的首席运营官告诉我们，一个销售团队会逐渐成为客户工作场所司空见惯的存在。人们随时都能看到他们派来的人员。双方一起用餐，共享想法，客户公司还会邀请他们参加会议以获得他们的意见。这种亲密关系催生了一种不言而喻的信任，使得该公司成为客户的战略合作伙伴，而不是一个普通的商品供应商。正如该公司首席运营官所言："一开始就进入客户的工作场所，可以让 Product Promo 公司成为解决方案的合作伙伴。我们已经超越了产品，而且是从创意的角度大量增加价值。这是我们的许多竞争对手应该做到却没有做到的。"

Product Promo 公司的案例揭示了用更主动、更有吸引力、更具协作性的方法来催生洞见，会形成一股多么强大的力量。该公司控制着一些世界知名品牌的全球促销品，创始人白手起家，硬是在一个由规模更小、更分散的企业玩家定义的市场中创造出数亿美元的年收入。根据国际促销品协会统计，此类公司全球共 23 740 家，年平均收入为 425 000 美元。事实上，其中 22 767 家公司年收入低于 250 万美元，Product Promo 公司的年收入超出这个数字 10 倍以上，已经成为当然之选。Product Promo 公司采用"同框战略"确保自己建立起具有吸引力的合作伙伴关系，这对于取得在规模上和量级上超过竞争对手的机会发挥了核心作用。该公司的经验证实，任何行业的公司都能从与客户的深度合作中获益。即使是在一个似乎已经令人绝望地陷入同质化竞争，发展停滞、拥挤不堪，并且缺乏创新的行业里，同样有办法与客户进行更深入的接触，然后让自已脱颖而出。

因为 Product Promo 公司与其客户在同一条战壕里，所以有关即将到来的产品发布的所有消息，他们都会提前听到，也会是最早了解未来潜在促销品需求的企业。在按照传统采购流程进行招投标之前数月甚至数年，他们已经掌握先机，有充裕的时间为客户的品牌创建高度定制化和差异化的营销解决方案。

虽然最终只是一个配角，但 Product Promo 公司坚持参与到建设一个个更宏大图景的战略和过程中，从而创造机会建立起具有吸引力的合作伙伴关系。它拒绝被矮化，而是致力于成为世界知名品牌的当然之选，努力以这样的风采傲立世界并做出贡献。德勤加拿大也有一个定制项目，同样有助于他们在加拿大建立起一个健康繁荣的中型市场，同时以其他企业难以企及的层次，与客户建立起对各参与方而言都真正具有价值的合作伙伴关系。

这两种方式都能让你和你的客户"同框出现"，并通过任何竞争者都难以复制的深刻理解来提升关系。无论客户是在内部还是外部，规模是大是小，能够让你与他们深入接触的方式有哪些？你或你的团队是否有机会从内部更多了解你所服务的人，以及你的产品会被怎样使用呢？

合作伙伴关系的理念不只适用于销售人员，也适用于任何提供产品或服务的人，无论是在内部还是外部。让我们面对现实吧，在企业中，这适用于每个人！我们相信你（和其他任何人）有机会建立起具有吸引力的合作伙伴关系，无论你是服务于外部或内部，身处销售还是其他任何职能部门。

将洞见转化为应用

如果你真想变得举足轻重，就不光需要在理论上，还必须能够在实际上增加价值。这就意味着有能力将想法转化为洞见，再把洞见转化成行动。德勤加拿大借助"最佳管理"项目做到了这一点，而 Product Promo 公司通过与其客户"同框出现"也实现了这一目标。那些转变成当然之选的公司能将它们基于市场观察的洞见转化为品牌行动，并以此推动建立更多人脉关系。

这些公司从高瞻远瞩的眼界中获得洞见以做出更好的决策，用智慧之光照亮挑战和机遇，创造出连客户自己都不知道自己需要的产品和服务。在我们的研究中，在这方面没有比蓝岸金融更好的范例了。该公司通过将有关市场的大量数据转化为洞见，了解到如何才能更好地向目标客户提供服务，从而以一种不同寻常的非凡方式重新定义了客户服务体验。

当你走进银行或信用合作社的分支机构，通常都会发现一个相当中规中矩的企业环境：单调乏味的色彩，平淡无奇的办公家具，显示最新利率的一两块显示屏，角落里的盆栽蕨类植物。如果你和我们有同感，可能就会想：为什么不把这些地方弄得更舒适、更有趣，让那些本不愿进来的人觉得更有意思呢？毕竟，你是在忙碌的一天中抽出时间来到这里办事的，这个地方能不能再有点吸引力？

有的银行确实有吸引力，但不是花旗银行（Citibank）或者美国银行（Bank of America），也不是其他任何一家美国金融巨头，甚至不是一家美国的银行，而是加拿大卑诗省北温哥华的一家名为蓝岸金融（BlueShore Financial）的地方性信用合作社。

蓝岸金融本身没有分支机构，信用合作社以前都是这样，但在2006年，它开始推出"金融SPA"：装修成"西海岸禅宗"风格的精品空间。其装修特色是时尚极简风格，提供饮料和热毛巾服务，还安排了服务人员——所有这些都帮助蓝岸金融建立起了更有亲和力的环境，更适合向高净值客户提供专业金融建议（蓝岸金融称之为"财务健康"）。

考虑到蓝岸金融的历史，"金融SPA"项目就更引人注目。如果你问富足的温哥华居民，在世纪之交时是否能把蓝岸金融与精致的高档银行体验联系起来，他们不只会说不，在说不的同时还会一脸茫然。因为该组织在当时被称为北岸信用合作社（North Shore Credit Union），对"蓝岸金融"，当时人们还闻所未闻。除了服务西海岸的部分人群，自1941年成立以来，该信用合作社还迎合了造船业和深海捕鱼业蓝领工人的需求。

如今，温哥华的高档金融消费者无疑都知道蓝岸金融了，他们喜欢这家机构，其中许多人已经成为会员并增持了该公司股份。在短短10年时间里，蓝岸金融管理的资产已从8亿美元增长到35亿美元。仅在2014年，其存款业务就增长了18%，资产比上年增长了16%，是与其最接近的竞争对手的两倍有余。

我们很好奇一家相当普通的信用合作社如何能率先提出"金融SPA"这样的理念，所以，在2014年以及2015年初，我们与公司总裁兼首席执行官克里斯·卡特利弗（Chris Catliff）座谈了好几次。我们发现的第一件事情是，蓝岸金融的创新甚至比我们起初想象的更不可思议。卡特利弗告诉我们，在他 2000 年来到公司之前，北岸信用合作社不只是一个发展停滞不前的组织，而且处于生死存亡之际。新技术的出现、合规成本，以及来自加拿大五大银行的无情竞争压力，使该信用合作社陷入困境。它曾打算与其他公司合并以保持运转，但预期的合并却流产了，北岸信用合作社不得不苦苦应对不稳定的财务状况和高企的员工流失率。

卡特利弗意识到是时候进行一些大的改革了。这个组织必须飞跃，而不是停步不前。他真的这么做了。卡特利弗和他的团队打造了一个计划，要将这家普通的信用合作社改造为财富管理机构，专门服务于那些金融需求复杂而成熟的客户。这听上去很熟悉吧？这家金融服务公司正在创造一个全新的未来自我，以在市场中脱颖而出，并通过其服务的新买家提高影响力。

北岸信用合作社通过清晰地确定目标市场和超越日常银行交易的方法服务客户，提供更有价值和更个性化的财务规划体验，从而实现了这一目标。这一战略转变看起来很有道理：到 21 世纪初，北岸信用合作社的蓝领客户基础已经缩小。该信用合作社的本地市场服务范围正在发生变化，传统客户正被有着复杂金融需求、日益膨胀的白领阶层所取代。事实上，该公司当时的服务范围包括加拿大最富有的 5 个区域中的 2 个。

卡特利弗和他的团队面临抉择：是让信用合作社固守在创立时所瞄准的细分市场，变得无所作为或过时淘汰，还是主动求变以适应不断变化的社会经济模式，发展成一个能够满足新受众需求的金融组织。该组织选择了后者，重新进行自我定位，并充分利用新机会实现了成长和繁荣。

2005 年，卡特利弗围绕企业愿景手册中描绘的战略，展望五年后该信用合作社的远景："由于我们的先进技术和高质量方案，我们已经被大众富足阶层/新兴富有阶层列为首选交易对象，各项业务线正利用敏锐的商业头脑和知识为顾客提供优越的回报，同时为其缓解风险。"请注意，卡特利弗明确表明了蓝岸金融要成为当然之选的愿望，这是一个大胆的声明，来自一家想要挑战行业规范的信用合作社。

这样的前景正是想从竞争中脱颖而出的雄心所要求的，与我们所研究过的其他成功企业的抱负如出一辙。请注意，像 DPR、湖滨和利特菲尔德一样，卡特利弗也很清楚地表明了该组织会将哪些细分客户群体作为目标：大众富足阶层（拥有 10 万~50 万美元的可投资资产）和新兴富有阶层（拥有 50 万~100 万美元的可投资资产）。蓝岸金融不会主动在其服务范围内将其他群体作为目标。市场细分的概念显然不是新出现的，帮助蓝岸金融脱颖而出的是它所采用的方式，它将如炬之光集中于一个特定的目标群体，对这些群体的需求形成独一无二的理解，然后运用相关洞见完善实际体验和产品供应。

蓝岸金融把市场细分工作做得比我们平常所见更进一步。它创建出新的模式，能够催生高度个性化的财务规划和建议，使自身在帮助客户改善整体财务状况时扮演更有意义的角色。市场细分的概念并不激进，很多公司都在这么做。蓝岸金融的过人之处是它围绕目标人群确定清晰界限的方式、它进入该细分市场的深度，以及它通过必要投资创建出一套服务、一种参与模式和非常具有吸引力的体验。

卡特利弗的战略也招来了一些批评。许多信用合作社的高管和行业观察家认为，该战略是一种机会主义行为，不符合信用合作社体系协作和合作的价值观。在加拿大，客户一直对信用合作社式机构有一种大众、草根的印象，因为它就是由那些认为银行忽视了自身需求的普通客户建立起来的。蓝岸金融坦率地将富有客户以及那些走在致富路上的客户作为目标，这似乎是为万能的金钱而有意牺牲了合作精神的根脉。

卡特利弗和他的团队对以上批评做出及时回应。首先，该信用合作社的发展和有机成长正处于危险之中。其次，它的新战略并没有舍弃公共服务这一维度。即使在国家层面上，卡特利弗锁定的大众富有阶层虽然拥有大多数财富，却很少有金融机构能有效地满足他们的需要。他们是社区的活跃成员，其财富在不断增长，财务规划的需求也在上升，但他们"没有获得周到的服务"，因为他们还没有资格享受私人银行服务。为什么不能成立一个专门为他们服务的信用合作社呢？

在开发自身战略的同时，卡特利弗和他的团队积累了关于大众富有阶层和新兴富有阶层会员的重要见解。卡特利弗从蓝岸金融那些忙得要死的目标客户那里听到的话是："你看，我很忙。说点我不知道的事情，帮我赚点钱或者改善我的财务状况吧。直接问我想不想要就行，'要'或者'不要'二选一，最好是通过电子邮件。然后往下做就是了，这样我就会知道你们正在帮助我。"蓝岸金融发现这些会员希望从金融合作伙伴身上得到四样东西：希望自己的顾问主动联系他们探讨财务计划，要按他们心目中的最佳利益展开行动，银行业务尽可能容易操作，能够在整体财富保障方面提供帮助。该信用合作社的颠覆前沿就是制定解决方案，以富有创造性和令人满意的方式为目标客户把这四个需求整合在一起。

特别是客户对财务健康的需求促使卡特利弗的团队开始专注于零售体验和金融 SPA 的创建。正如卡特利弗所认识到的，对富有客户而言，钱是一个非常能调动情绪的话题，与自由、家庭和机会等重要概念密切相关。正像人们去温泉疗养院调理自己的身体一样，他们可以来金融 SPA 改善财务健康。蓝岸金融的分支机构成了沙漠中的绿洲，是可以来放松身心、恢复精力的地方，而且在那里可以感受到财务专家贴心的关照，这些专家理解客户的需求并且真正关心他们。

作为服务的一部分，为满足这些清晰明确的情感需求，蓝岸金融形成了独特见解并将其应用到其分支机构的顾客体验和财富管理的重点工作上，完全按照已有认知重新构想进入金融服务环境的方式。该信用合作社能够运用高瞻远瞩的眼界，在与目标市场建立高层次联系的过程中，发挥威力。蓝岸金融的创举打破了关于分支机构定位，财务咨询关系应该如何发挥作用，以及组织应该关注哪些产品的一些根深蒂固的观念。通过实施变革并深化其对会员的理解，蓝岸金融的团队提升了金融服务体验，并在这个过程中更好地满足了目标市场的需求。这使得该信用合作社能够为客户创造更多感知价值，进而成为客户首选的金融服务机构。

但这还只是其中一个方面。与"最佳管理"项目一样，这些金融 SPA 创建了与客户进行更深层次接触的途径。SPA 的环境与典型的银行或信用社分支机构明显不同。那些分支机构大多都有实体柜台，难以进行近距离的密切沟通，设置这些柜台的目的只是为有效地处理交易。这些 SPA 空间的设计都非常开放通透，让人感到放松。客户既可以来此消磨时光，随意聊天，也可以解决复杂的金融难题。这里能激发亲密交谈，更有利于引导人际接触。人情纽带能触发更高程度的诚实和开放，这反过来又让蓝岸金融能够更好地根据会员需求改善金融产品和服务。这些新措施的相关性日益增强，促使会员再次深入讨论，共享更多信息。随着时间的推移，每一项新举措都会产生更多价值。

具有重要分量的公司都清楚，只要客户相信信息会被用来为自身创造更令人叹服、更切中要害的体验，他们就会共享信息。如果蓝岸金融的会员相信信用社将使用这些信息来创建有助于减少风险、实现目标的解决方案，那他们就会共享自己最深层次、最实事求是的愿望和问题。正是通过应用所掌握的信息，蓝岸金融能够提升、扩展其人脉。而且，正如我们所发现的，只有通过亲自观察客户，而不是通过电子表格中的数字来观察，组织才能做到这一点。

将洞见转化为行动，意味着具备以不同方式理解数据所需的视角和关系。蓝岸金融花费数百万美元来收集有关客户的各种信息：居住地点、收入、消费习惯等。不幸的是，这些数据大部分被束之高阁，公司并未根据这些信息就如何吸引这些群体，以及如何改变公司的产品以满足未来客户需求给出见解。这些只是静态的信息，因此无法传递价值。我们并不是说定量化的见解没有价值，这些见解也有其价值，但在深入了解客户方面，它们所能提供的帮助是有限的。你需要知道究竟谁是你真正的客户，他们的生活方式如何，他们希望实现什么样的目标，他们担心的事情是什么。你必须研究你的客户，要将复杂的数据分析与同样复杂的解释性人类学视角结合起来，这能让你获得难以从数字中发现的丰富而细致入微的认识。你必须愿意比你的竞争对手走得更远，以便理解你想要接触的客户。通常，通过定性工作，您可以形成自己所需的见解，这种见解能帮助你得出与产品或服务的最终用户相关的最有价值的结果。

蓝岸金融这种将洞见转化为行动的策略几乎在任何环境中都能奏效。其他公司也通过与客户的关系创造出了类似的成果，梅赛德斯-奔驰（Mercedes-Benz）澳大利亚公司就是一个很好的范例。

和其他任何一家汽车公司一样，梅赛德斯一直都在收集客户数据。高管们都知道客户的 ZIP 码（在澳大利亚和新西兰地区，也称为邮政编码）、收入范围以及职业是什么。那么这些信息发挥了什么作用呢？它帮助公司建立起了靠近顾客居住地的经销和服务中心。然而，该公司最具突破性的销售策略却根本不是从这些数据中产生的，而是从一个洞见中产生的，获得这个洞见的过程很简单，只与那些顾客的生活方式有关，而与其居住地无关。

21 世纪初，梅赛德斯在澳大利亚的服务团队对于早已了解到的一些情况感到气馁：许多购买梅赛德斯汽车的客户都太忙了，无法

像梅赛德斯公司所推荐的那样按期对他们的汽车进行保养。我们说
"推荐"，是因为在许多情况下，奔驰经销商在维修保养汽车方面赚
的钱比销售这些汽车赚的钱更多。然而，对于许多顾客来说，打电
话预约的流程过于麻烦，并且，通常他们得到的替代用车必定要比
他们自己的车低好几个档次。由于这些顾客中有许多人是从梅赛德
斯租车使用，所以他们更倾向于避免经受这些因维修保养导致的
麻烦。毕竟，他们可以简单地在三年内归还所用的车，然后换一
辆新车，而由于缺少保养所出现的任何问题都将是经销商的问题。

　　经过苦思冥想，梅赛德斯的管理人员产生了一个想法：如果公
司能让顾客更方便地为他们的汽车做保养，那情况又会怎样呢？高
管们不仅要了解顾客的基本量化数据，还要了解他们在生活和工作
方式上的定性差异，以及梅赛德斯的维修保养服务如何才能更好地
契合公司富有顾客的生活方式。在研究中有一个重要发现：梅赛德
斯的许多顾客经常出差。当然，差旅使得顾客不便于进行车辆维修
保养，但梅赛德斯通过这一经验性见解实施了一项创举。

　　2005 年，该公司宣布了一个计划，在悉尼和墨尔本机场区域建
设机场快线（Airport Express）代客服务中心，该中心距候机大楼
仅 3 分钟车程。这项服务于 2006 年推出，顾客可以把汽车送来保养
或妥善停放，工作人员会立即用私人车辆将顾客送到候机点，帮他
们顺利踏上旅途。对于客户而言，这比寻找停车点要快得多。当客
户离开后，维修人员会来到这个小型经销处，将车开到几英里以外
的服务中心进行检修保养（梅赛德斯把实际服务中心安排在机场
外，因为机场房租太贵）。当客户返回时，维修人员已将保养过的

汽车开到接机处恭候了。

你觉得采取这一做法后会有什么效果？顾客开始常态化地为汽车做保养了。为什么呢？因为更方便了。当然，还发生了其他一些变化。奔驰车的销量也开始增加，而且还是大幅增加。位于机场的小型经销处成为梅赛德斯销售网络中效益最高的经销商之一，每平方米产生的销售额远超管理层预期。

假设你周一安排了一次短途旅行，下周三还有一趟。当你周一晚上回来时，你的情绪状态可能是以下之一：要么豪气冲天，感觉自己就像是宇宙的主宰；要么你的旅行不太成功，感到自己筋疲力尽而又所获无几。这两种心态都表明你"应该有"一辆新车了。殷勤的司机在终点接到你以后，会把你带回小型经销处，你看到你的C系轿车停在一辆更可爱的E系车旁边。既然星期三还要过来，你询问可否将E系开回家兜兜风，两天后航班起飞前再把车还回来。奔驰经销商当然会同意，他完全清楚两天的E系驾驶体验会让你有什么改变。在接下来的时间里，你爱上了加大的空间和更强的动力。由于这辆高档车座椅上配备了按摩功能，你背部的问题消失了。你的邻居都羡慕你闪亮的新座驾。到星期三，你已经做出决定：你不想要回C系车了，你要换掉旧车，虽然你原来只打算为C系车做保养。

在设计新的保养操作方案时，通过以人为本的视角深入探析客户及其生活方式，梅赛德斯不仅让汽车维修保养变得更容易，也为客户生成了新的销售体验，消除了阻碍客户参与的常见障碍。不是他们厌倦了自己的C系车，然后想放弃周末陪孩子的时间去选购一辆新车，而是他们只需将旧车送去维修保养，就会在无意中爱上旁边的新车。这无疑是通过对那些旧有定量数据的分析而形成的，当这样的见解得以运用，就会为顾客和梅赛德斯公司创造出更多价值。

梅赛德斯除了利用来自定量数据的见解外，还在做其他的事情，它也于细微处将其利益"赋予"客户。通过向客户提供更高价值的汽车，并相信他们会有很好的驾驶体验，梅赛德斯将其利益与客户的利益联系起来。"赋予"利益是提升人际关系的另一种方式，实际上它比这个例子展现得还要深刻。它从根本上调整了买方和卖方在产品及服务方面的利益，并以看似令人惊讶其实完全可期的方式消除了建立伙伴关系的障碍。

赋予利益，消除障碍

在德勤加拿大通过"最佳管理"提升人际关系时，作为其竞争对手之一的另一家全球咨询机构，正通过自主调研学习，意识到在深入理解的基础上建立合作伙伴关系、实际运用自己的洞见，并相应地调整和赋予利益是多么重要的事情。调研的结论能对此提供充分的支撑。

这家咨询公司着手开展了一项以人为中心的客户参与研究。该公司的领导层知道，公司需要了解客户参与的关键时刻，这样的关键时刻对于建立起有可能提供最高价值的关系至关重要，对客户和顾问来说也非常重要。公司领导者开始在每个关键时刻跟踪咨询人员和客服员工的情绪状态，结果让人吃惊。

他们发现那些对公司而言值得庆祝的时刻对客户来说却完全是恐怖时分。在赢得一个大客户项目或销售审计项目后，顾问们觉得完全值得庆祝，而且他们也经常会这么做，会带客户和关键员工出去吃一顿高级晚餐，用美味牛排和香槟来助兴。然而，当我们了解到这一时刻对客户意味着什么时，我们就会知道香槟和牛排根本不是此刻他们想要的东西。事实上，每逢这些日子，客户都会很害怕，他们几乎迫不及待需要证明自己过去的决策是正确的，他们的事业不会受到这种伙伴关系的负面影响。客户希望看到的是顾问们努力工作，降低风险，创造价值；可是在这一切被证实之前，他们却先看到了昂贵而狂热的庆祝活动。你可以想象到，这家咨询公司已经改变了客户的参与过程，这正反映了他们对这件事情的新认识。

这项研究的另一个发现是，那些专业服务公司的客户正越来越多地把这些公司的服务能力作为其是否可依赖，以及是否要与之缔结关系的入门标准，而不是区分点。光有聪明的顾问已经不够了；如果你不聪明，那还做什么咨询呢？客户想要的更多，他们正在寻求高价值的互惠关系。换言之，他们希望专业服务公司的成功能成为他们自己的成功；他们希望建立一种更深层次的关系，能够互惠互利；他们希望共同发现和开发新的价值创造机会；他们希望合作伙伴能够风雨同舟。

这就是德勤加拿大的"最佳管理"项目作用如此强大的部分原因。这是一个能够提供价值的项目，不是在财力上，而是在结构设计上。参与项目的公司越多，项目发展就会越好，德勤加拿大就能够更好地为市场服务。与类似的那些公关意味更明显的项目不同，这一项目能让公司员工深入参与到预期客户的生活中，因而能与他们风险共担。记住，"最佳管理"项目的根本目的是在加拿大建立一个充满活力的中端市场，并在这一过程中刺激加拿大的经济体系和发展繁荣。

在我们接触的许多行业中，这种对有利可图的伙伴关系的需求正在上升。在凯特·维塔塞克（Kate Vitasek）的著作《有利可图的外包》（*Vested Outsourcing*）中，详细介绍了多个有利可图的合作伙伴关系的案例，这种关系正通过高度协作的业务推动创新。宝洁公司正热情接纳能够带来利益的合作伙伴关系，在这个案例中是与仲量联行（Jones Lang LaSalle，JLL）的关系，后者是一家商业房地产和设施管理公司。两家公司建立了高度战略性的外包关系，以改变宝洁公司管理设施的方式。考虑到宝洁横跨 60 个国家/地区的 120 多个分支机构，这可不是件易事。可以想象，设备管理和维护是一笔巨大的开销。

宝洁公司意识到，仅仅通过压榨供应商以控制成本实际上可能会产生相反的效果。因而，该公司选择努力与仲量联行建立高度协作的双赢合作关系，这种关系建立在透明成本的基础上，并将仲量联行管理费用的一部分设计成风险收入。然而，该合作关系不是仅把风险推给仲量联行，相反，通过创造经济利益上的一致性，这种合作伙伴关系将以共同风险/共同报酬作为基础。在降低整体成本和实现其他经营目标方面，仲量联行受到了极大鼓励。宝洁越成功，它也就越成功。

维塔塞克在书中指出，宝洁公司的全球业务服务已经创造了历史纪录，并分享了如下成果：

- 在整体销售额中全球业务服务成本所占的比例下降 33%；

- 服务水平上升 17%（从 80% 到 97%）；

- 进入市场的速度提升了两倍；

- 与七年前相比，服务范围扩大 75%；

- 管理的复杂项目的数量增加到原来的 3 倍；

- 资产并购和资产剥离的耗时缩减一半；

- 更强的创新能力。

在这种合作伙伴关系下，仲量联行连续 3 年被评为宝洁的年度供应商，考虑到宝洁有 8 万多家供应商，这可以说是一项几乎不可复制的成就。"这样的成就只能通过挑战现状和引入创新（即运用'和'的力量）才能实现。"时任宝洁公司全球物业和房地产总监丽迪雅·雅各布斯·霍顿（Lydia Jacobs Horton）解释说，"我们期望我们的供应商能带来创新理念以帮助我们处理棘手的问题，而这也正是仲量联行已经做到的。"

简单地说，一种能够带来利益的合作伙伴关系能使双方共赢。有趣的是，人们发现很多供应商也积极参与到这一行列中，重新思考它们与顾客的合作方式。维塔塞克还扼要描述了 Genco（FedEx 旗下一家专门从事产品回收以及其他供应链服务的公司）正热情地与戴尔这样的客户营造能够带来利益的伙伴关系。约翰·科尔曼（John Coleman）是该公司负责与戴尔进行客户对接的总经理，他解释说："多年来，我曾要求戴尔拿出一个使用批发作为附加选项的系统。这是一个好主意，但戴尔不能通过投资这样一个项目产生任何内部利益；除了贡献这个想法外，Genco 也没有理由进行投资。"但是在互相创造利益的共同约定之下，Genco 受到高度激励来推动创新，这将同时惠及戴尔和 Genco 自身。

这两家公司取得的成果都是积极的，在实施互利共赢性计划短短 9 个月后，戴尔的报废成本下降了 62%，减少了 32% 的维修成本。通过戴尔实现了根本性改进和 Genco 得到非常激励人心的账单，这个联盟已经证明了自己的有效性。科尔曼补充道："在我们共同进行这番苦斗之前，我们的业务利润率还没有达到行业的平均水平。"而在互利共赢协议下，Genco 的利润率达到了行业平均水平的三倍。

在大多数能够带来利益的合作关系中，双方受到的激励是一致的，利益冲突被消除了（或者至少得到缓和），人们能够互相信任以创造一种开放性以及通力合作的愿望，从而产生更有创造性的解决方案来解决具有挑战性的难题。人们感觉他们在同一个团队中，并且感觉他们的客户和合作伙伴都会支持他们。前文提到的 DPR，就是一家致力于与客户形成合作关系的公司。作为承诺的一部分，该公司通过正在取得统治地位的"综合项目交付"（IPD）法来强化这种互利共赢的理念，DPR 是这一方法最坚定的支持者。

美国建筑师协会将 IPD 定义为一种项目交付方法，该方法将人员、系统、业务结构和实践过程整合在一个流程中，协同利用所有参与者的洞见来优化项目成果，为客户创造更多价值、减少浪费，并通过设计、制造和施工的各个阶段使相关工作效率得到最大提高。听起来又长又拗口，换句话说，IPD 是一种更能有效协作的建筑方法，利用诸如信息建模（BIM）这样的技术以及所有利益相关者的早期参与，确保成为最有效和最实际可行的建筑方法。然而，IPD 真正的力量是在任何建设项目的关键各方之间，即客户、设计者和总承包商之间，调整那些激励性的因素。

　　DPR 和其他公司正采用 IPD 来挑战行业规范。DPR 知道无论总承包商的能力如何，事情都可能出错。可能会出现以下情况：客户方面的决策不佳；天公不作美；经济形势变化多端。为什么在如此巨大的投资中，要由一家公司承担所有的风险呢？一点也不令人吃惊，随着这种指责游戏的发展，绝大多数此类项目最终会陷入争执，人们争相躲避风险，并试图相互推卸项目中出现的超支和低效率的责任。

　　然而，在更精细的 IPD 模型下，各方都分担着风险。利润率和期限被预先确定下来，如果一个项目按时完成并未超预算，每个人都能共享节省下来的资金。如果超出预算，每个人都要应付这种不利境况。在这种情况下，唯一失败的是那些想让项目最终对簿公堂的律师。

　　马克·汤普森（Mark Thompson）负责领导 DPR 在数据中心市场领域的销售工作，他认为 DPR 之所以会采用 IPD，是其提倡合作的企业伦理导向的自然结果。即使在今天的行业中尚不是那么普遍，该公司还是把所有的利益相关者都带到对话桌上来进行合作，并把项目交付整合到一个点上，其中每个人都清楚团队正在努力实现的目标，以及实现这一目标需要各方做出的努力。汤普森说道："我们一直相信，上涨的潮水会使所有的船都上浮，我们看到综合方法对我们的客户和所有团队成员都有好处，这降低了整体项目的风险，并且提高了获得整体利润的机会。在一个整合的方法中，团队进行协作以验证该计划并设定一个目标成本。然后我们公开共享信息和创新，远离典型的等级关系。虽然协作听起来很简单，但横跨多个公司组织起这个团队本身就是一个很大的挑战，然而一旦做成，结果可能就会变得大不相同。"

在 IPD 模式下，三方都期待着其他方成功，因为如果其他各方赢了，所有参与方就都赢了。这不是我们和他们之间的竞争，我们站在同一边。在某些情况下，这甚至通过建立由利害关系方共同拥有和控制的具体的法律实体来体现，大家唯一的目的就是让建设项目获得成功。这种模式的力量在于调整激励机制并消除利益冲突。如果你知道供应商只有在你赢的时候才会赢，你就不太可能去怀疑他们对你有所隐瞒，以及他们是否仅仅是为了自己。这种信任将产生更大程度的透明度和敏感性。你在有意识地向一种有目的的相互依存关系迈进，或者我们也可以说，这是一种非常深入的合作伙伴关系。

正如人们所期望的，DPR 这家努力成为当然之选的公司，与斯坦福这所世界名校合作，准备总结整理公司推行 IPD 的经验，从而利用这些知识提供更好的项目成果，帮助推动行业进步。记住，形成高瞻远瞩眼界的关键环节是把你所知道的东西条分缕析地列出来，这样你会因此而为人所知。通过依托 IPD 培养出更多、更高层次的人脉，DPR 会对相关签约流程有更多了解，并能利用这些知识不断提高和改进，从而运用这些见解创造出更高价值的成果。

　　共赢关系不只针对 B2B 经营模式。当企业希望与消费者建立起更紧密的利益一致性，我们就能看到共赢关系概念的用武之地。事实上，我们可以把任何担保都看成是一种传统的共赢关系形式，因为它们是相辅相成的。消费者希望公司保持正常运转，这样就能够在必要时履行担保；公司希望消费者在使用产品或服务方面取得成功，以避免承担担保责任——一个积极成果关系着双方的共同利益。在服务业的案例中，律师们几十年来一直都是这样做的，他们免费办理索赔案件，但和解案件却要收取一定比例的费用。虽然这些传统的商业模式包含了共赢关系的要素，但数字世界正在为企业提供新的机会，可与消费者形成共赢关系。作为 2015 年世界上最大的基于社区的交通和导航应用，Waze 通过用户和该平台之间的一个社交合约来追求共同成功。向程序贡献数据的用户越多，该应用程序就越适合每个人。在某些方面，这不仅把消费者和平台提供者的利益联系起来，而且在消费者之间也建立起了共赢关系，因为它在达到临界数量并发送有效数据的用户中推动了依赖性的形成。

　　其他数字平台也在不断出现，如用于葡萄酒评级的 Vivino APP，这些平台将持续探索如何在用户之间以及用户与该平台的成功之间建立起共赢关系。亚马逊是另一个范例，该公司正在探索能够与消费者建成什么样的共赢关系。亚马逊金牌服务对使用亚马逊平台的用户给予奖励。随着金牌会员数量的增加，该平台添加了更多功能，使得平台对消费者和亚马逊都更有价值。

　　无论你是已经有了一项正式、全面的 B2B 安排，还是正想方设法将你的客户与你的成功联系在一起，或者将你与客户的成功联系在一起，共赢其实就是惠及所有人的业务开展方式。其目标就是息争止纷，消除激烈的对抗，释放关系的价值，同时推动所有人获得更高价值的成果。

正如前文强调过的，这里没有捷径可走。要实现成为当然之选的目标，关键在于你每天带来更多价值的能力。这不仅取决于你通过提供新的服务或是提供可信的建议来增加价值的能力，而且取决于你运用客户所需要的战略资产来确保他们在未来取得成功的能力。你无法通过将客户简化为一个电子表格或过滤成两三个静态数据点来实现这样的目标，而是必须理解、投资并与你的客户展开合作。希望我们研究过的那些最佳公司能激励你，以前所未有的深入程度与客户展开接触和合作。

德勤加拿大的一个资深合作伙伴曾经在 2012 年的一次讨论中告诉我们："我们很久以前就认识到，我们的业务是人，我们的业务是人脉关系。因此，如果我们能够运用这个项目来更好地理解这个关键市场并建立起关系，这将是我们的制胜法宝。情况也的确如此。除了接触途径和深度，我们现在还拥有世界上最大的关于中端市场公司的定量和定性数据库之一，能够将管理实践与业绩进行对标分析，然后与客户和预期客户共享。单是这些数据就价值数百万，所产生的见解更是无价之宝。"

你必须建立计划和方法，确保能贴近客户。要在形成洞见方面进行投入，而不仅仅是从这些关系中提取数据，要应用洞见来改善客户体验。在可能的情况下，要积极建立起互相依存的关系，并将其提升到伙伴关系的层级，由此你完全可以把你的成功归因于客户的成功。我们看到的那些成功的公司都是采用这种方式来提升关系的。

在第四章中，我们研究了公司如何通过对客户的影响力来提升关系，本章中我们仔细探讨了要想拥有深厚的合作伙伴关系所需要做出的努力。在提升人际关系方面还有一个注意事项，将帮助你拥有全面的观点。你必须超越直接的买卖关系，与个人、群体和理念体系（ideas）培养起联系，这将使你能够影响、控制在你的颠覆前沿所发生的事情。你必须能够纵观全局并做出适当的反应。这些人情纽带是建立更多人脉的第三步，也是最后一步，它们将使你大步行进在自己的路途上，成为当然之选。

第 ⑥ 章

联结：纵观全局

　　20 年来，加里·卡斯帕罗夫（Garry Kasparov）在国际象棋比赛中战无不胜。他身体健康、身材魁梧，他的对手们过去常说，他的外表和体能就是一种威慑，这和其他那些对抗激烈的运动是一样的。还有人开玩笑说，他在国际象棋界的成绩仅次于他的政治成就：在 2008 年的俄罗斯总统选举中，他试图与弗拉基米尔·普京（Vladimir Putin）竞争，并且能够坚持活下来，还有机会给大家讲这个故事。当然，他此次参选并未进展到投票阶段，但至少他活下来了。

　　不管怎样，任何知道这项比赛的人都知道卡斯帕罗夫被许多人视为有史以来最伟大的棋手。像那些他之前和之后的伟大棋手一样，他有一种不可思议的能力可纵观全局。在国际象棋比赛中这有时被称为"棋盘视野"（board vision），观察整个棋盘时不是孤立地看每一个棋子，或者单独的一步棋，而是看到棋子之间的空间——

它们相互之间的联系，如果你愿意的话，还会马上看到每走一步棋对整个棋局的影响。

像具有重要分量的公司一样，卡斯帕罗夫是在颠覆前沿下棋。他能提前想出整盘棋走 2 子、8 子甚至 32 子后的局面。他是有名的"巴库的野兽"[①]，一个大师级棋手团队需要几天时间才能解开他的几步棋。在我们的研究中，在我们的工作中，能够解决客户最复杂和最有价值的问题的公司之所以能做到这些，部分原因是它们像卡斯帕罗夫一样，可以纵观全局。

联结就是建立超越买/卖，以及超出你的组织和市场边界的关系。这关乎培养一种知识水平和见解能力，能够识别出在你的世界里不断变化的各个部分之间存在什么样的相关性。

如果你建立更多人脉的目标是拥有更大的影响力，那么连通性就是人脉发挥作用的催化剂。你需要跨越那些看似完全不相干的领域之间的界限，超越你的直接客户，将人际关系提升到更广泛的市场中。你必须设法在你所处市场中，向客户的客户、供应商、技术提供商、行业群体、投资者和其他主要利益相关者拓展，只有这样，才能将为客户创造更多价值的机会转化为实际行动，真正为他们创造价值。

理解其中的关联性

许多初创企业在创业后会存活 40～50 年，然后就会从内到外崩

---

① 卡斯帕罗夫出生于阿塞拜疆首都巴库。

溃，或者被大规模的技术创新或社会变革所淘汰。世界 500 强公司的平均寿命已从 50 年下降到 15 年。那些能够存活一个世纪，并始终保持稳定增长的为数不多的企业是真正能够纵观全局的公司，能够看到全世界正在发生的事情，并通过理顺其中的关联性，以大胆的举措不断做出调整。

我们曾经合作过的戴比尔斯（De Beers）公司已经做到了这一点。当一家企业考虑如何成为当然之选时，除了依靠政府成为垄断企业之外，实际上有两种方法：一是我们在本书中所介绍的途径；二是形成供应侧的企业垄断联盟，以有效控制整个行业。戴比尔斯都做到了。这些年来，关于戴比尔斯的文章很多，其中一些是你所能想象到的最具吸引力、最有趣的商业探索。有些人探索了钻石行业扑朔迷离的起源以及这个行业展示出来的惊人的营销能力，这主要就是源于戴比尔斯。虽然对公司起源的故事可能存有争议，但公司创始人巴尼·巴诺托（Barney Barnato）和塞西尔·罗兹（Cecil Rhodes）早期就有的发展愿景，以及在随后的 100 多年里，在其曾经的竞争对手恩斯特·奥本海默（Ernest Oppenheimer）及其家人的管理下，公司所进行的经营创新成就，在任何人看来都是毫无争议的。

如今，戴比尔斯仍然活跃在这个竞争激烈的市场上，在这个起伏动荡的产业中是人们的当然之选。该公司正是通过纵观全局做到了这一点，这是从创业伊始就形成的习惯性意识。在早期，公司创始人认识到是稀缺性让他们受益，而且让他们形成了卖方优势。与此同时，他们专注于催生全球需求。快速发展到 20 世纪 40 年代后，当弗朗西丝·格瑞蒂（Frances Gerety）第一个提出"钻石恒久远，一颗永流传"（A diamond is forever）的营销宣传语后，一个传奇营销案例就此诞生，《广告时代》（*Advertising Age*）甚至称之为20世纪最佳广告口号。与此同时，钻石婚戒行业也诞生了。这种宝石成为爱情、婚姻和承诺仪式的重要部分，也使戴比尔斯公司的主要客户，即与终端买家交易的珠宝商们产生了巨大的下游需求。戴比尔斯公司不直接销售给那些爱得无可救药的情侣们，但它控制着供应并创造需求，让那些买家产生前所未有的意愿，愿意在一个象征物上花费更多的钱。在第二次世界大战之前，钻石婚戒在美国戒指销量中占比不足10%，到了20世纪末，这一比例已超过了80%。正是由于戴比尔斯对其所在行业所产生的影响，你若尝试用珍珠或红宝石向你的另一半示爱，大概会以失败告终。

而且这不仅仅是西方独有的现象。在日本，变化更加明显，在特定场合赠送这种特定类型的宝石是毫无疑问的。直到20世纪60年代中期，许多日本人的婚姻还是包办的，并且是以用同一个木杯喝米酒来象征婚姻关系的开始，这与买昂贵的戒指来证婚相去甚远（日本传统文化绝不会容忍这种事）。戴比尔斯改变了这个绵延已久的古老传统，并创造了一个新的传统，日本的年轻夫妇开始赠送钻石戒指作为婚姻的信物，这显然表明他们打破了传统并接纳了现代西方生活方式。在日本，就市场渗透率而言，日本女性接受钻戒的比例从早前的不足5%上升到20世纪80年代的60%以上。

借助这种整体视野，戴比尔斯也解决了俄罗斯采矿业成倍增长的威胁，其中包括市场上大量的小钻石。长期以来，新增供应量对戴比尔斯或该品类来说都产生了不良影响。戴比尔斯利用其领先的市场基础和深厚的人脉关系说服俄罗斯人，使自身成为俄罗斯产钻石的唯一供应商，并在这一过程中保留了维持适度供应的能力——供需平衡确保了钻石的潜在价值。

多年来，由戴比尔斯通过制造需求所建立起来，并起到充分支持作用的是钻石的"证明性"（evidence points），或者更准确地说，其象征意义不能仅仅用大小（用克拉来衡量）来说事，这就能让这些大小不一的钻石所证明的爱情故事都显得价值永恒。现在普遍采用的"4C标准"就是用来区分钻石等级的，并在一个对绝大多数消费者来说都不透明的品类中建立一个价值参考点。在大多数情况下，只有经过训练的眼睛才能分辨出大多数宝石的不同，而相同大小的宝石的价值就会因此不同。4C标准就是答案。除了克拉数，根据戴比尔斯要求，其他三个重要特性为：明澄度、切工、色泽。通过在消费者市场中引入4C标准，戴比尔斯改变了钻石的消费方式，使得钻石企业能逃脱陷入同质化竞争的厄运。

时间来到21世纪的第一个十年，互联网时代到来了，消费者对现成的替代品进行比价的成本几乎为零。在网上简单一搜索就会显示出多个钻石价格比较网站，输入你想要的钻石4C组合，各家公司的价格一览无余。对于同质化竞争，世界上没有更好的应对方法。再加上戴比尔斯作为供应方的优势下降和人造钻石的出现，该公司很快面临着即将瓦解的局面。

地缘政治的转变、贸易制裁和竞争的加剧，正在改变消费者心目中的钻石观念。此外，部分是由于互联网和信息流的增加，买家越来越了解采矿业，并开始将这些宝石与所谓的"血钻"联系起来。时势如此，必须做出改变了。用戴比尔斯集团 CEO 菲利普·梅里耶（Philippe Mellier）的话说："终端消费者对钻石的渴望是钻石行业唯一真正的价值来源，所以他们的购买信心对我们未来的成功至关重要。"

戴比尔斯决定建立三个战略支柱。首先该公司将继续强化消费者对这类产品的需求和观感，以确保公司兴旺发展。其次，公司将努力推动消费者对戴比尔斯所控制的钻石供应的需求，而不是对行业品牌给予普遍性支持。最后，公司将专注于诚信和信任，通过创造戴比尔斯品牌的承诺，应对消费者对整个行业的担忧。

按照典型的戴比尔斯风格，它能够理解消费趋势与供应现状之间的关联，并形成一个高瞻远瞩的视野。钻石需要超越其品类形象之上的品牌。到目前为止，只要 4C 标准具有可比较性，钻石就还是钻石，而你从谁手中购买并不影响潜在的品牌承诺。戴比尔斯需要改变市场的观念，远离有争议的钻石开采、人造钻石和普通的"4C"钻石。它开发出一套双管齐下的办法来处理市场和行业的新愿景。

首先，公司推出了一种刻有品牌标志的宝石，可以通过"信任标记"（用来保证真实性、品质和道德采购的专有印记）来识别。其次，公司会鼓励钻石商、批发商购买戴比尔斯的宝石，然后出售给消费者，以打造自己的钻石品牌并通过独立渠道进行销售。

戴比尔斯在香港进行了一些早期市场营销试点活动，并取得了积极成果，这些成果也有助于公司了解客户对其新定位的反应。消费者喜欢不涉及血腥开采并且有采购道德保证的产品，但他们也想要一个更宏大的故事，能说明为什么他们看中的钻石才是特别的。戴比尔斯的努力已经取得了不同程度的成功，尤其是公司早期投资的"心之火"钻石品牌获得了广泛认可。

结合试点项目的成功和对千禧一代购买行为越来越清楚的了解，戴比尔斯理解了其中的关联，并意识到自己需要做的不仅仅是为宝石打上信任标记，公司需要一个成熟的面向消费者的品牌，要能提供关于稀缺性、排他性、品质和正直的承诺。因此它推出了"永恒印记"系列产品，这个子品牌主要由独立珠宝商经销，同时刻有信任标记。通过"永恒印记"，戴比尔斯公司利用其经营规模和营销体系建立起一个品牌化的产品类别，在戴比尔斯受益的同时，独立珠宝商也能从中受益，而且该公司还致力于在保持产品高价位的同时，使顾客恢复对这类产品的信任。它正在创造一种新的消费者偏好模式，这种模式适合戴比尔斯专供钻石，而不是一般钻石，并且它还与消费者目前对稀有钻石所广泛持有的道德和价值认知联系了起来。对稀缺性的重视已经转向了宝石来源、生产和向顾客呈现的方式等方面，而不是只从开采量的角度来判断其稀缺性。对于独立零售商而言，该公司依靠一种强大的方式使其能够区别于那些价格驱动型的在线商家，他们希望消费者继续相信钻石总归还是钻石。戴比尔斯当然更加清楚，而且为了证明这一点，它将利用广泛的人脉来影响整个行业。

早期成效很乐观。"永恒印记"于 2008 年在中国香港和内地以及 2011 年在美国推出后，已经显露出将成为消费者当然之选的端倪。在零售层面，"永恒印记"钻石的销售额已超过7亿美元，并且在中国这个新兴的世界最重要的珠宝市场之一的消费者心目中，"永恒印记"品牌已经与蒂芙尼（Tiffany）达到了同样高的认知度。对于一个创立只有几年的品牌而言，这是一项巨大的成就。戴比尔斯继续从全局视角出发，观察地缘政治方面的动向、公平贸易预期、消费者喜好、供应链现实、技术，以及其所在行业的其他颠覆因素。它保持着强劲的竞争地位（市场占有率约35%），而且力图以有意义的方式影响全局。

像戴比尔斯这样的公司，在其所在市场中都具有重要分量，并且能够在一个多世纪的时间里保持当然之选的地位，它们都知道这种转变不是孤立发生的。问题很少能仅仅在两方之间得到解决；交易可能是存在于该两者之间，但解决方案还有更广泛的含义，并且依赖于更广泛的参与者来成功促成。

一家企业发挥影响、开展合作和展开联系的能力，鲜有机会在一个新兴产业的前沿得到更广泛的运用。建立具有重要分量的公司，实际上需要从创建一个具有重要分量的行业开始。这意味着要为所有人打造一个更大的馅饼。LoyaltyOne这家公司对此已经有了第一手经验。

广泛联系

LoyaltyOne是加拿大忠诚奖励计划行业的当然之选。它的"航空里程积分奖励计划"（Air Miles Reward Program）的普及率已经是顶级水平。该公司的策略不仅能够纵观全局，而且建立起了广泛的关系，并通过这些关系将透过战略眼光所发现的机会转变为财务价值，包括在品牌和零售商之间、零售商和消费者之间以及零售商和其他零售商之间的空白地带出现的巨大机遇。

为了搞清楚来龙去脉，我们先来了解一下零售商在忠诚奖励计划行业生态系统中所扮演的角色。加拿大轮胎公司（Canadian Tire）是加拿大的一家连锁企业，可与沃尔玛（Wal-Mart）或凯马特（Kmart）相提并论，也是加拿大第一家设立忠诚奖励计划的大型零售商。该公司的计划于 1958 年推出，核心是"加拿大轮胎币"，实施方法基本上等同于打折。当消费者在加拿大轮胎商店购物时，他们会获得加拿大轮胎币（这是一种实物货币），以后可以在商店里兑取。实际上，这个计划为消费者提供了一种交易性兑换：用对商家的忠诚来兑换折扣。考虑到加拿大轮胎的连锁规模，这样的计划似乎很有意义。该公司规模庞大，这使得该计划的维护投入显得划算，而且考虑到购物的数量和频率，消费者有足够的积极性选择加拿大轮胎而不是其竞争对手的产品。

1992 年，Loyalty One 推出旗舰性项目"航空里程"，并提出了一个有趣的问题：加拿大轮胎是真的培养了忠诚度，还是仅仅在进行价格竞争？其实公司的高管也一直在想：如果能推出一个不光有折扣方案的计划会怎么样？如果可以充分利用一个加拿大轮胎式的计划，并把它与航空公司当时正在开展的活动结合起来，对于乘飞机出行或使用特定信用卡买票提供里程奖励会怎样？如果能鼓励人们在店里购物，不是靠着你的价格更便宜，而是因为你能让他们实现最狂野的梦想会怎样？比如给他们的孩子买新笔记本电脑、提供全家去墨西哥度假的机会，或者给他们选择的慈善机构捐款。

简而言之，LoyaltyOne看到了一个机会，从而制定出一项令人梦寐以求的忠诚计划。人们突然清楚地发现，完全有机会将零售商计划与消费者在某处购物的决定联系起来，让他们有机会选择一个特定品牌，或者使用一种比仅仅获得折扣更有意义的特定信用卡。在"航空里程奖励计划"的设想中，LoyaltyOne希望成为一个梦想推动者，并在此过程中营造顾客忠诚度。

但"航空里程奖励计划"并不仅仅是为了在消费者之间建立情感联系。假设你是一个在加拿大轮胎旗下的商店销售产品的消费者品牌，你可以通过提供特别折扣和现金分担来为加拿大轮胎的忠诚计划支付费用，你这么做是为了在加拿大轮胎的商店里获得更大的渗透力，并获得更多的特定消费者数据。那么，如果有人建立了一个囊括零售商和品牌联盟在内，覆盖从金融服务到日用百货的数百种产品和服务类别，效果又会如何呢？

突然之间，你将进入一个包含着所有消费者消费习惯的信息数据库。你将可以跟踪随着季节变化、消费者年龄增长等因素而发生变化的消费情况等等。你会知道一个消费者何时结婚、何时有了孩子，以及何时买了一栋新房子，并针对这些情况，以及与消费者其他生活阶段的体验对应的行为变化，做出响应。基于他/她如何使用忠诚积分，你将直接了解每位消费者的需求。这个数据库将包含数百万消费者的信息和他们的购物历史。要为持续重新定义你的颠覆前沿提供不竭的动力，只有这样才能始终保持高瞻远瞩的眼界！

要设想消费者品牌、银行或零售商会如何利用这种见解来定制活动和奖励，以迎合消费者不断变化的愿望和需求。

尽管零售领域的大多数参与者只是在考虑他们自己的既得利益，以及他们与消费者之间具体、直接的关系，但在探索这一颠覆前沿时，LoyaltyOne 却理清了行业参与者之间的关联，识别并找到了机会。

"航空里程奖励计划"的力量有赖于消费者、零售商和品牌形成的这个系统，来自 LoyaltyOne 与上述几个群体建立关系的能力。得益于这一广度，该计划比任何单个折扣平台都更了解人们所购买和渴望购买的东西，它对品牌和零售商的影响是如此显著，因此能够创造出一个更大的馅饼供大家分享。

要想充分评价 LoyaltyOne 的成就，不能忘记的一点是，直到20 世纪 90 年代，营销人员还并不相信忠诚计划的价值。如果想发展成独树一帜的战略，如果想从 30 秒广告和店内促销那边把营销预算争过来，忠诚度作为一个概念还需要进一步发展。正如 Loyalty-One 总裁兼 CEO 布莱恩·皮尔森（Bryan Pearson）所言："我们完全从零开始。我们在卖出任何东西之前都会发布一个概念。所以，我们所做的很多工作就是认识到我们正在与客户合作，以便让他们了解这种新的营销方式。忠诚度可以说是一个不断向前发展的术语。但是，当我们开始时，很多需要做的工作还是向行业内宣传忠诚计划。它们应该起到哪些作用？它们是如何发挥作用的？你的老派市场营销人员会讲些关于大众传媒和宣传单以及店内活动的课程。他们还没有把这个新工具看作获取和留住客户的一种方式。所以，我们必须培养他们改进学习曲线。"

除了 LoyaltyOne，市场上的另一个关键参与者是里克·巴洛（Rick Barlow）的 Frequency Marketing 公司。巴洛奠定了忠诚度营销的基础，此外，还建立了"讨论会"（Colloquy）这一思想交流平台，汇集了忠诚计划领域最前沿的领导思维，并对其进行总结整理，通过专属性研究、杂志、网站和行业活动在整个行业慷慨分享。"讨论会"是一个重要平台，用于连接整个忠诚计划领域中那些居于关键决策位置的营销人员，并在这个过程中构建起基于忠诚策略的案例。如果零售商和品牌不把忠诚视为一种合法的高价值策略，那么像 Frequency Marketing 和 LoyaltyOne 这样的行业参与者将只能在一小部分现成市场上奋斗。

自 2003 年起，"讨论会"开始举办年度峰会。随着时间的推移，该峰会已经成为忠诚计划领域的顶级盛会，在此每个人都有机会收集并分享关于行业最新趋势的最佳实践和信息。猜猜谁现在拥有了"讨论会"？不仅仅是该项盛会，还有相关杂志、网站上的一切？猜得没错，正是 LoyaltyOne！

"讨论会"的忠诚计划峰会是独一无二的，因为一个由竞争对手所组成的非凡的合作集团因此而站到了同一屋檐下。2010 年，正是在这里，我们第一次遇见 LoyaltyOne 的首席执行官布莱恩·皮尔森。通常，当某个品牌举行峰会时，会邀请客户和潜在客户参加，然后向受众疯狂推送有关该品牌的信息和夸张的广告，还有宇航员、前总统、艺人，或者来自我们这类公司的嘉宾进行主题演讲作为点缀。但"讨论会"举办的峰会却大异其趣。首先，这里没有作为点缀的嘉宾。这里全是内容干货，几乎全是出自忠诚计划领域专业人士自身的案例研究内容。美国运通、万豪、乐购和星巴克都参加了这一峰会，最资深的营销人员在峰会上免费分享信息。LoyaltyOne 在这里，其他忠诚计划的提供商、咨询公司、数据和分析机构也参与其中。

为什么 LoyaltyOne/"讨论会"会组织和资助这样一个活动，并邀请竞争对手参加呢？答案是，LoyaltyOne 想打造一个更大的馅饼，因此需要建立有助于做大这个馅饼的关系。该公司知道如果自己取得成功，公司所取悦的那些客户也将获得好处。尽管公司在加拿大的发展已经很完备，但忠诚计划仍然是很有增长潜力的行业。皮尔森认为，馅饼需要不断做大，每个人都必须参与其中才能实现这一目标。

"这很简单，"皮尔森在解释 LoyaltyOne 对"讨论会"的承诺时告诉我们，"我们希望建立威信和声誉，并且要以思想领导力而为人所知。如果预期客户正在寻求进行更深入的研究、获得咨询意见或者发现潜在机会，这应该会让你进入决策集合（decision set），因为他们正在寻找想要与之合作的供应商，而且他们正在考虑解决自己的问题"。这个理论听起来很耳熟吧？正如 LoyaltyOne 所提供的服务项目可以作为忠诚计划项目端到端需求的黏合剂，"讨论会"也同样雄心勃勃要成为行业本身的黏合剂，汇集关键玩家来分享最新的最佳实践以建立顾客忠诚度。

LoyaltyOne 实际上已发展了自己所拥有的一切，并且更上一层楼。在 21 世纪前十年里，该公司改进了业务模式，在忠诚计划领域中扮演了更全面的角色，并推动了市场建设。公司的高管认识到，忠诚度作为一种营销策略还在不断进化。越来越多的参与者正参与进来，新的市场每天都在涌现。随着馅饼越来越大，更多国家/地区的公司都希望建立像"航空里程奖励"这样的忠诚计划。

对于这些公司而言，有机会接触到"航空里程奖励"的经验、见解和知识将是非常宝贵的机会，由于这样一个过程的实现，一个新的行业在 LoyaltyOne 的推动下诞生了。这是因为在 21 世纪初，LoyaltyOne 已经发展成一个全方位服务的咨询公司，提供客户参与策略和店内体验的设计、测试、执行和后端再设计的全套服务。LoyaltyOne 知道在方案设计和优化方面给予公司建议可以产生收入，也能让他们站到销售流程的最前端。

在 LoyaltyOne 所在的市场中，没有哪一方拥有像 LoyaltyOne 这样强大的关系网，能够把有助于实现忠诚计划投资回报最大化的所有"机件"都连接起来。该公司积极地、有意识地将其作为利益相关者之间黏合剂的能力货币化，努力从整个体系中收获价值。对许多大公司而言，在开发和维持忠诚计划的运作方面，LoyaltyOne 是当然的合作伙伴，因为该公司成功获取了全局性视野，并且通过"航空里程奖励"和"讨论会"建立了广泛的关系，能够对整个市场和行业自身的发展施加影响。

LoyaltyOne 看到了通过高瞻远瞩的眼界和广泛的关系来促进业务增长的需要，换言之，他们看到了整个局面。LoyaltyOne 和戴比尔斯都具有全局性视野，并运用这种视野来建立关系，从而在体系层面产生影响。

对整个体系施加影响

公司不是唯一必须退后一步以便从全局进行观察、思考的组织，为了收获成功，各种组织都需要把那些看似不相干的消费者行为、技术、文化和市场现象找出来，只有把这些因素都结合起来才能取得成功。NGO（非政府组织，通常是非营利组织或慈善机构）就经常在这样的环境下运转，它们需要把那些在其他情况下各不相关的数据联系起来进行分析，并且这会对它们获取成功的能力产生影响。它们必须能够纵观全局，并对该体系施加影响以尽可能地产生最佳的潜在价值。

你可能听说过早先在非洲进行艾滋病毒/艾滋病治疗所遇到的挑战，服用相关药物的病人需要遵守严格的服药时间表。在西方，我们都戴手表或带着手机，这样的要求没问题。但非洲大部分地区并非如此。此外，对该地区绝大多数人来说，药物成本过高，缺乏训练有素的医务人员，而且当地医院缺乏基础设施和管理能力，无法管理覆盖偏远村庄数十万人的复杂计划，这成为在非洲治疗艾滋病毒/艾滋病所面临的最大问题。

然而，在2014年联合国的报告中，米歇尔·西迪贝（Michel Sidibé，联合国艾滋病毒/艾滋病规划署主任）说道："艾滋病疫情可以在每个地区、每个国家、每个地方、每个人群和每个社区停止传播。"在每个地区、每个国家、每个地方都停止传播？即使从最审慎的角度看，这仍然是一种偏乐观心态。要解决这个极其复杂的问题，仍然面临挑战，但一些非政府组织如无国界医生组织、天主教救济服务以及其他慈善机构正在共同合作，以解决这些牵涉到文化规范、供应链、组织能力以及其他可能阻碍那些行之有效的医疗解决方案发挥全面作用的系统性问题。这些组织共同从全局观点出发，彼此之间寻求建立广泛联系，并且寻求与社区、与那些有影响力的组织建立起广泛的联系，以对该体系施加影响，并在非洲的艾滋病感染率方面和让受到感染的公民获得高品质生活的能力方面，催生积极变化。我们敬畏它们所做的工作、它们所创造的成果，以及它们渴望完成的工作。

在一个类似的集体性方法中，在推动社会变革方面有一种相对较新的"集体效应"（collective impact）理念，该理念强调非政府组织在提供服务方面经常遇到极其复杂的文化背景。正如"斯坦福社会创新评论"博客所描述的那样，集体影响能够协同多个服务提供商的目标，以最大限度地发挥各自的影响力。它需要影响整个体系的服务提供者、客户、政府和捐助者，为所服务的社区创造一致的价值。它着眼于全局，了解所有不同的利益集团、接受者、志愿者、捐助者和其他利益相关方正在努力实现的目标，并要求他们加倍努力，发挥其影响力。

"斯坦福社会创新评论"突出强调的一个关于集体效应的范例就是"一起努力"（StriveTogether），这是一家总部位于辛辛那提的非营利组织，致力于缩小学生间的成绩差距，改善整个城市的教育。通过"一起努力"的广泛宣传，300 多名当地教育机构的领导者同意加入其中以联合推进这项共同的事业。如"斯坦福社会创新评论"中的报告所述："这些领导者意识到，在教育这个连续体上只解决一个单独的问题，比如更好的课外活动，不会起多大作用，除非这一连续体上的所有部分都能同步改进。任何一个组织，无论多么善于创新或实力强大，都不可能单独完成这项工作。"据报道，在用来追踪"一起努力"计划效果的53个成功指标中，有34个呈积极的发展趋势，包括高中毕业率、阅读和数学成绩等。通过退后一步纵览整个体系，并把那些充满热情的人都吸引进来，作为连续体的一部分，从改善学校午餐计划到评估教师素质的一切活动都受到该组织的影响。

集体效应需要以一个组织作为基础设施合作和协调作用发挥的中心点，有专门的工作人员和流程来建立和实现共同目标。这些组织以同样的方式纵观全局、广泛联结并对系统施加影响，对于那些想成为当然之选的公司而言，它们拥有同样的机会对客户、行业和社区产生集体影响，因为这些组织将行业的共同目的和目标结合起来，并站出来起到示范引领作用。

在发展中国家之间正在进行一场"战争"。这是一场发生在消费品公司之间的战争，它们都在努力成为信得过的品牌，谋求成为新兴市场数以千万计新兴客户的当然之选。据《福布斯》和《经济学家》报道，联合利华（Unilever）公司一半以上的业务来自这些地区，因而这些地区被认为是最重要的市场。除了基于产品的创新，比如富有地域特色的味道和香氛，联合利华在这个极其复杂的市场领域取得成功的真正秘诀在于，它能纵观全局，理解其中关联，然后对相互依赖的群体和行为施加影响，而这些群体和行为会最终推动购买决策。

联合利华是一家庞大的公司，和所有同行一样，它在影响世界的过程中也难免带有自己的偏见。它并非事事都能做对，但它通过解决方案和专心投入，取得了一些惊人的成就，并体现出持久稳定的能力，能够持续推动与其战略目标相一致的积极的社区影响。最近，当联合利华加速实现其打入发展中国家农村市场的目标时，它开始专注卫生产品。卫宝（Lifebuoy）产品的推出（其旗舰产品是"红条"肥皂）面临着一个看似无法逾越的障碍，这些地区的许多潜在客户没有洗手的习惯，也不爱洗头发。除了经济上的限制外，他们在思想上还没有意识到用肥皂洗手的重要性。西方品牌对这种情况主观臆断，它们假设每个人都相信上述习惯的保健功效，但具有讽刺意味的是，其实在不久前就连西方的医生也认为洗手的意义有限，他们在太平间、手术室、产房之间随意出入，不知不觉把各种病菌到处传播开来。

要增加在西方的肥皂销量，联合利华只需强调肥皂的产品属性，就能让其获得优越的市场地位，并且还能提供一些折扣来推动零售需求，没有必要解释洗手本身的重要性。然而，在印度这样的地方，情况却很不一样。依据 2009 年的报告，这里每年有超过 38 万名 5 岁以下儿童死于腹泻，而这种疾病完全可以通过日常洗手来预防，可以肯定地说，推动使用肥皂以预防疾病传播绝不是一种主观臆断的做法。从全局观点出发，联合利华意识到需要改变一代人的行为，从而为其产品创造一个市场。这确实是个复杂的问题。但作为一家举足轻重的公司，联合利华并没有回避这种复杂性。相反，它谋求的是发挥出自己所期望的影响力，并推出了这样一个品牌愿景：改变亚洲、非洲、美洲十几亿消费者的卫生习惯，通过在关键场合使用肥皂来推广洗手的好处，从而帮助减少因呼吸道感染和腹泻而不幸死亡的儿童数量。

联合利华知道自己无法独自做到这一点，因此它广泛联系，建立了包括红十字会、儿童基金会和千禧村项目在内的组织联盟来解决这个问题。即使有了这个联盟，要真正产生影响，联合利华的行动还需要具备一定规模，而不能仅仅通过影响一个个儿童来实现。但如果是通过影响一位又一位母亲、一座又一座村庄，并指导他们不只是改变自己孩子的行为（把建立洗手观念当成母亲的职责），也把同样行为的效力分享给其他妈妈，把这个习惯作为母亲必须知道的知识来推广，那么这个目的就是可以实现的。

联合利华主动深入基层，冠名主办"帮助孩子活到 5 岁"（Help a Child Reach 5）活动，除了这些面向草根的举措之外，联合利华还通过公共宣传扩大影响，并发起了全球洗手日等活动。例如，在宣传中把洗手与印度文化中最令人垂涎、每个人都离不开的面包联系在一起。每年，在世界各地庆祝印度胡里节的仪式上，要消耗数百万个被称为烤饼的不发酵面包。作为这项市场活动的一部分，在文案中会向受众传递一条信息："你用卫宝肥皂洗手了吗？"

根据尼尔森公司的一项独立研究，通过这些市场活动，联合利华能够在印度 Thesgora 一地把可预防性腹泻（可导致死亡）的发生率从 36％降到 5％。另外，当 33％的母亲开始洗手，其结果是，随母亲接触到这个项目的孩子们，开始每天两次洗手。

通过开展关于洗手的宣传，联合利华能够显著地降低幼儿死亡率，在这个过程中，公司也成为数以百万计的新客户的当然之选。它挽救了这个最易受伤害人群的生命，这要归功于在健康和卫生方面高瞻远瞩的眼界，以及能够用非常简单的解决方案来解决关键问题所需要的丰富关系。联合利华纵观全局，理解其中关联，广泛联系人脉，并对整个体系施加影响，这些举措都奠定了基础，使其能够拿出有意义的解决方案，从而提高了影响力，使自身成为人们的当然之选。

因为品牌本身建立在上述原则的基础之上，因此卫宝肥皂成为一场大规模的社会变革和市场创新举措的推动力并非巧合。在150余年前，作为减少霍乱的一种手段，威廉·莱弗（William Lever）开发出首款卫宝肥皂时，也创造出了一款具有重要分量的产品。这款产品连同其他保健卫生产品，经过100余年的发展，最终将这家公司变成我们现在所熟知的联合利华，成了一家举足轻重的公司。你的工作也能像他们一样有分量。

拥有丰富的关系不仅仅指了解更多，或者能联合起你的客户或其他利益相关者大干一场，而是要求你对整个市场有更精确、更全面的看法。我们所研究的那些最优秀的公司，也即那些在各自市场中真正具有重要分量的公司，都明白要创造最大的价值，就需要了解在现实生活中究竟如何去实施。而实施的实质是政治，这与影响力有关，与行为改变有关，也与关系有关。

具体来说，这与人际关系的动态局面有关。它涉及要理解参与者A的行动如何影响参与者B、C和D的结果。你必须理解更多，而不能仅限于狭义的交易；你必须掌握一个相互关联的完整体系，其中的不同参与者对产品的购买和使用都有着密切影响。你需要纵观全局，并理解这些参与者之间的联系。你需要和他们建立关系，这样才能对整个市场产生影响，采用这种方式既对你有益，也能惠及相关行业和下游客户。

在戴比尔斯的案例中，该公司的目的是了解客户以及客户的客户，就是那些最终消费者以及他们的渴望，他们希望购买来源符合道德伦理的品牌钻石。对于 LoyaltyOne 而言，这便是建立起一个产品和业务模式，以形成一个任何一家零售商都难以企及的更为强大的联盟，从而扩大产业平台，这一平台能将关键人物聚集在一起，而这些关键人物能承担起做大馅饼的任务，以供整个体系的忠诚计划参与者分享。所有这些公司都把重点放在具有最重要分量的事情上：解决复杂问题、增加更多价值，以及做一些它们的竞争对手无法做到的事情。

正是在这个过程中，你高瞻远瞩的眼界和丰富的人脉关系开始以一种可再生的方式相互融合和加强。想想戴比尔斯和它的"永恒印记"品牌，以及能够发展出一个全新行业的 LoyaltyOne。如果它们不能广泛地纵观全局，不能与不同领域、不同观点的人建立起广泛联系，就不会获得成功。如果那些围绕产品或功能的狭隘的、零散的想法没有被完全识别出来，这样的努力也终将付之东流。对联合利华来说也是如此。双赢局面推动了社区和联合利华共同创造价值，我们将在最后一章中详细讨论这个理念。如果它们不能看到市场的相互关联性，并对其施加影响，它们就不可能发挥出这种需要其发挥的影响。

普通公司格局小、思想狭隘，它们通常会在现有的有限市场中进行价格上的激烈竞争。最优秀的公司会建立广泛联系，并为创造一个更大的馅饼而承担起自身的责任。戴比尔斯和 LoyaltyOne 花费资源（时间和金钱），投资于整个行业而不只是自己企业的兴旺发展；对联合利华而言，目标则是一个很大的共同社区。它们与不同类型的买家和有影响的参与者广泛联系，与客户及与之相关的企业建立联系，而且试图将竞争对手也带进某个恰当的过程中。它们以新的有趣方式与行业和社区的参与者建立联系，重新定义了自身的角色以及与市场的互动方式。更有甚者，通过打造出特殊关系，能纵观全局，并确定自身可以产生有意义影响的地方，这不仅仅是为了自身，也是为了各自市场上的众多参与者。在努力变得更具分量的过程中，它们理解了价值链中的相互依赖性发挥作用的方式；运用这种见解，它们发现了产生更大影响的方法。这种影响力反过来又将它们与竞争对手区分开来，使它们成为当然之选。

第三部分

提升影响力

"你说的是'推脸'（Twitface）那种我孙子玩的东西吧？"

这是世界上最有经验的专业情报人员之一在某个重要会议上所说的话，这次会议旨在让他和他的同事们了解新兴技术对情报行业的影响。这是 2010 年，美国最大的国防承包商之一举办的一次非公开的、专门面向高管的活动，演讲者是一名来自麻省理工学院的博士生，他一身休闲装扮，穿着紧身牛仔裤和帆布运动鞋，演讲主题是关于非结构化数据和社交媒体对情报工作的影响。

这家承包商的首席执行官在听完这场 TED 风格演讲后，深受鼓舞，决定开展一系列季度性 TED 式活动，以提升其属下高层领导者的眼界。这些会议的目的都是想给人启发，并且讨论的也都是处于颠覆前沿的话题。但这里出现了一个问题，这些高层人士并没有接受这位社交媒体专家的意见（他看起来只有十二三岁）。这个长相稚嫩的小伙子有一个有趣的假设，他认为，在未来几年内，社交媒体将对国家安全和地缘政治产生深远影响，尤其会对整个情报界产生翻天覆地的影响。

正是这种说法，让一个经验丰富的情报人员提出了上述"推脸"问题，这位情报人员负责指派间谍到战区去，渗透到当地网络并为各种机构收集那些有助于军事战略决策的信息。

这位演讲者回答道："如果你指的是推特（Twitter）和脸书（Facebook），那确实没错。"

那年年底，阿拉伯之春（Arab Spring）爆发并席卷中东，拉开了一个在动荡地区重新划分地缘政治版图的过程。这对国家安全的影响是深远的，不仅影响了美国，也影响了世界其他国家。你还记得最初使事态加速发展的手段是什么吗？社交媒体。

这并不是说那天会议现场的那些人，对社交媒体广泛扩展的能力所呈现出的可能性视而不见，而是它对承包商当前的情报收集技术构成了威胁。这正是社交媒体专家所暗示的现状。这对他们的角色、他们的组织以及他们与客户连接的方式颠覆性是如此之强，因此让他们感觉还是放慢脚步，坚守传统的业务模式，做起来更容易一些。他们还一厢情愿地希望变化节奏能够慢下来，摊牌的那一天最好永远不要到来。

这家公司传统上通过向美国情报机构提供劳务来维持生计。该公司雇佣一些人，支付他们优厚的工资，送他们到战区收集数据和情报，让他们把了解到的信息反馈给情报机构，并收取一定数额的费用。这笔费用一方面用来弥补情报收集的成本，一方面加收一定比例以作为公司利润。这个承包商的业务模式就是劳动力套利，其产品就是间谍。

当时，社交媒体这一平台传递出的信息是，他们这种模式多半将会过时，而且将会出现一种全新的情报获取方式。这种方法将从万维网和社交媒体中搜集相关内容，使用高性能软件分析数据，然后让训练有素的分析师进一步解释这些新的见解，并专注于获取可行、可靠、准确的情报成果。这种可能的业务模式会是软件和授权许可，但产品不再是投入间谍，而将是更高价值的成果情报。

到那时，承包商可以利用高瞻远瞩的眼界来理解情报收集工作的未来。作为美国军方情报收集的最大外包供应商之一，该承包商还拥有所需的人脉关系，如此才能成为情报收集新方法下的当然之选。但该承包商当时的领导者根本没有愿望去通过艰苦的工作实现这一目标。阿拉伯之春改变了局面，为这家公司及其所有竞争对手敲响了警钟，让它们认识到要满足客户不断变化的需求。该承包商错过了一个先行一步并迅速成为当然之选的机会。

这就是那些具有重要分量的公司最终能够脱颖而出的原因。那些成为当然之选的公司会主动走向颠覆前沿，而且当它们看到能够创造出更高价值成果的机会时，它们就会付出创造这些成果所必要的艰苦努力。它们全力以赴，调整自己的资源、人员和体系，并且努力成为所在行业的颠覆者而不是坐等被他人颠覆。

成为当然之选不仅仅需要投资于培养高瞻远瞩的眼界和建立更多的人脉关系，还需要付出艰苦的努力，这样才能产生更大的影响。像LoyaltyOne所做的一样，创造世界领先的忠诚计划平台所实现的不仅仅是套餐折扣，而是一个更重大的任务。在事关数百万美元收入的情况下，改变人们对总承包商与客户如何互动的根深蒂固的惯性思维，这是很勇敢的行为，但DPR做到了。像戴比尔斯那样改变整个供应链更是一项艰苦的工作。然而，具有重要分量的公司都会去努力，它们直面复杂性，勇于着手解决其最大的客户、行业和社区所面临的挑战。在此过程中，这些公司利用高瞻远瞩的眼界和更多人脉来确保自己对市场有更大影响力，正如我们所发现的，它们也想对世界施加更大的影响。当公司在不同领域为各种利益相关者提供最有价值的解决方案，并创造更高价值成果时，就会产生更大影响。记住，如果你无法创造更多价值，就不可能成为当然之选。如果没有更大影响，就无法创造更多价值。

看透这一点，就会发生一些令人惊叹的变化。如果你拼尽全力、排除万难去提升你的影响力，你会发现这会让你拥有高瞻远瞩的眼界和更多人脉。没错，在颠覆前沿保持你的位置会变得越来越容易，因为你的更高的影响力将使你对客户和世界而言更有价值，同时也会不断刷新你对颠覆前沿的观察，让你发现隐藏于此的新机会。这反过来又会令你拥有更高的影响力。这一循环是能够自我强化和保持的，而且随着不断实践将会变得越发轻松。

这部分的所有内容都是关于如何走好最后一步并努力成为当然之选的。这些公司都坚定地选择忠实于将来的自我，这就需要努力地去做正确的工作。所以请鼓起勇气继续读下去，听听那些先行者的经验，看看自己怎样才能和他们一样取得成功。

第七章

飞跃：成为颠覆者

如果我们问你，"奥多比（Adobe）是做什么的？"你会怎么回答？我敢说你会想到它开发的软件，如 Photoshop、Illustrator、Acrobat Reader，也许还有其他的文档管理和基于图像的内容创建解决方案。

直到 2012 年新南方数字营销会议之前，我也是这样想的，这场会议由该公司的一位年轻主管开讲。奥多比长期主宰着数字内容创建市场，为网站设计提供了广受认可的清晰度和美化效果。和大多数与会者一样，我们认为这位高管会讨论图形软件如何让营销资料更加吸引人——他会谈论美图之类的东西。

当演讲者开始详细介绍奥多比如何重新设计主要零售商的网络形象，以应对线上竞争的挑战时，几乎可以肯定的是，大多数观众都很惊讶——我敢说大多数读者也会感到很惊讶。通过整理数据，他展示了动态图像如何与购买者的特定网上行为相匹配，如何能够显示出可测量的转化率（网站访客购买商品的百分比）和购物篮的容量（人们购买商品的数量）。演讲者不仅仅是在谈论"全渠道"（omni-channel）的世界，而是在向人们展示如何在这个世界上赢得胜利。他详细介绍了这些使用奥多比产品的客户，是如何通过公司的内容创建套件以及现在被称为奥多比营销云（AMC）的产品，从根本上来管理他们的整个营销职能和电子商务活动的。

在 21 世纪前十年，大多数人都知道奥多比还在向艺术总监和平面设计师们销售打包的图像创建和文件管理软件。这是一款高价值产品，但随着时间的推移，市场竞争越来越同质化。像惠普和索尼这样的制造商在其设备中加入了竞争性软件，而苹果的软件更是在市场中爆炸式渗透。奥多比的产品正在失去吸引力，利润空间也被压缩了。

幸运的是，奥多比能够在行业中定义一个新的颠覆前沿。它发现了市场所需要的更高层次的价值。大公司的高管们正在面对越来越大的压力，客户要求他们提供页面展示和在线体验，以一种能实际促进销售的方式与社交媒体实现融合。单靠有吸引力的内容本身已经难以奏效，这些管理人员需要在适当的时候向正确的消费者展示正确的内容，才能推动消费者购买商品。或者正如奥多比现在所强调的，"需要每个像素都能发挥出作用"。

奥多比看到了一个将分析和内容创建结合起来的机会，帮助各公司将其在线体验提升到一个新的水平。如果像 REI 这样的零售商能通过个人消费者的网上行为了解他们的习惯，那就可以利用这些信息在网上更有效地把自身呈现给这些消费者，将更多的流量吸引到自己的网站和门店，从而增加自己的销售量。

　　奥多比的做法不是在现有产品上加倍下注从而掀起价格战，而是决定努力去解决一个更有针对性的问题。它要忘记自己作为艺术总监和设计师助手的身份，努力成为高级营销管理人员的战略合作伙伴，帮助企业做好三件事情：利用多元化媒体、设备来创建和发布内容，在线管理文件，以及对相关内容进行测量并转化为经济效益。奥多比不再销售盒装软件，而是将这些服务作为一种不断更新的云端解决方案持续不断地提供给订阅用户。高瞻远瞩的眼界和纵观全局的能力帮助奥多比找到了这个机会，而丰富的人脉则让其能与特定客户的需求广泛对接起来。要想针对这个高层次问题创建一个可行的解决方案，并且能在保证盈利的前提下扩展其应用，那奥多比自身也需要实现飞跃，要成为自身及其竞争对手现有模式的颠覆者。

　　最后一点对于提高影响力尤其重要。相对而言，拥有眼界和人脉容易一些，但将其转化为影响力则是一个很高的目标。这需要相当大的勇气和决心，坦白说，在许多公司中都很难找到这种勇气和决心。怀疑论者对此提出了很多质疑，而且就奥多比的做法，许多行业观察家武断地认为，追求这样一个雄心勃勃的目标，奥多比可能已经走得太远了。

　　到 2009 年，基于云服务的潜在市场规模已超 563 亿美元，而到 2013 年，增长到 1 510 亿美元。这是一块相当诱人的大蛋糕，但从传统的软件提供商转向云服务提供商需要奥多比做出巨大的角色改变。2009 年，当该公司收购了分析领域的先驱企业 Omniture，并在这一过程中获得了其即将推出的云产品的核心部分时，奥多比的股价在一夜之间下跌了 4%。"奥多比收购 Omniture：它在想什么？"《华尔街日报》博客上的文章以此为题。

当你下决心要成为当然之选时，可能也是开始感到非常疯狂之时，因为你有可能像傻瓜一样徒劳无功。当你依托着高瞻远瞩的眼界、丰富的人脉和清晰的机会，锐意进取、跨越发展的时候，你应该信任自己的分析能力。你可以看到，转移到你的颠覆前沿并找出这些复杂问题是一回事，而用一种真正有影响力的方式将解决方案变为现实，并在新客户中巩固公司的声誉，则是另一回事。奥多比实现了这两个目标。

到 2014 年 3 月，奥多比传统内容创建程序的云版本已经拥有将近 400 万订阅用户，其中 20% 的用户并非公司传统软件的用户。公司另一款重点产品 Acrobat 有超过 200 万用户，而用于衡量和变现网页内容的营销云，其份额每年增长 83%，占公司总收入的 25% 以上。总的来说，奥多比的营收并不比 2012 年时高出很多，但现在几乎 60% 的营收都出现了增长，而此前这一数字仅为 5%，这是投资者非常乐于听到的事。既然奥多比公司的股价从 2013 年的每股 38 美元上升至 2015 年的每股 78 美元，那么在收购 Omniture 时出现的那 4% 的价格下滑也就成为陈年老账而不值一提了。

对于奥多比而言，将自己打造为一个基于云端的战略营销服务提供商，难道不是一项艰苦的工作吗？当然是，这毫无疑问。这是一次难以置信的飞跃吗？绝对是。以下是我们的观察。奥多比设定了一个目标，对未来的自己有了清晰的了解，它坚持不懈地追求这一目标，通过艰苦的努力实现了这一目标。当时它也有可能会选择照着原来的方向继续不辞辛苦地干下去，继续在利润越来越薄的业务中厮杀，靠着陷于严重同质化竞争的产品从消费者手中"搜刮"每一分钱。幸而，它还是努力奔向了一种新的业务形态——一种新的运营模式，以一种新的方式销售给新客户，并找到了新的收入来源和收益流。

一旦你在头脑中和意图上实现了飞跃，那么你就必须努力追随它。我们发现那些具有重要分量的公司都具备这一显著特点。这些公司不愿付出了艰苦努力而只实现有限的价值，它们专注于通过艰苦的修炼来成就未来的自己，而且它们愿意实现这一飞跃。仅仅去努力做那些你一直以来都在做的事情，取得的收益往往会逐渐下降，但通过艰苦的工作来重塑自己，并想方设法超越竞争对手，则能够提升你的影响力。在你努力成为当然之选的历程中，重塑自我为什么会成为你需要迈出的最艰难的一步，和需要做出的最重要的承诺，原因即在于此。

实际上，在那些实现飞跃，成为颠覆者，并提升其影响力的公司中，我们发现了三种截然不同的艰苦工作模式。第一种是，他们形成了一种心态，并围绕最终想在市场上创造的成果进行思考。如果他们想要创造更多价值，就会通过寻找新的和创新性的方式来创造客户看重的价值，而不是固守当前方法和业务模式不放。第二种，他们选择了清晰定义的颠覆前沿，然后直面其复杂性，并满怀信心地走向颠覆，而不是努力回避它。他们知道，正是在复杂的局面中，你拿出卓尔不群的解决方案的机会才真正存在。第三种，他们能把展示未来自我所需要的人员、流程和体系结合起来。他们知道仅有野心和愿望是不够的，要想真正提升自己的影响力，就需要改变自己思考、行动及工作的方式。

这三种模式都以高瞻远瞩的眼界和更高的人脉为基础，并与我们在前文中介绍的许多主题联系在一起：勇气、乐观的态度、求知欲，坦然面对复杂性，愿意通过努力来改变现今所做的事情。通过努力培养高瞻远瞩的眼界，你自己的颠覆前沿得到定义，你就能够开始设想未来的自我。当你做出重大改变时，丰富的人脉关系能赋予你通路和影响力，让那些关键的利益相关者能与你在变革之路同行。通过运用所有这些手段，再加上我们刚刚提到过的艰苦工作，你将拥有更大的影响力，并将逐步成为当然之选。这一切都始于围绕成果，而非固守历史投入和业务模式来进行定位。

做正确的事

由于许多领导者过于注重创建产品或服务这一价值创造中相对次要的环节，而非为客户贡献正确的成果，因而他们会对一些机遇视而不见。正如克莱顿·克里斯坦森（Clayton Christensen）所言，大多数客户不会因为基于某种属性特征而喜欢某种产品或者服务，进而做出购买决定。相反，他们买东西是为了解决一些基本问题，产品及其属性仅仅是解决问题的手段或"投入"。在某种程度上，公司过于关注提供某一特定产品或服务及其属性（例如关注汽车的

"可靠性",而不是关注能让客户从 A 点到 B 点的交通解决方案),就可能忽略对客户真正有重要分量的东西。当一个行业受到颠覆时,这就更有分量了。正如克里斯坦森在其基金会网站上所说的:"通过弄懂客户'雇用'一种产品或服务时到底是在做什么,公司可以更准确地开发和销售与客户正在尝试去做的事情更对路的产品。"同样,我们也会说,公司能够更准确地创造更有价值的成果,也就能更好地解决客户最终想要解决的问题。

那些具有更高影响力的公司之所以能够做到这一点,是因为这正是它们最关注的成果。回想一下你在前文中读到的国防承包商所错失的机会。该承包商反应迟缓,因为它是围绕业务投入(正在战争地区建立情报网络的人力资产)而不是买家(美国政府)所期待的情报这种实际成果去定位。

你到底在做什么业务?你的客户最终是在寻求什么成果?了解这些问题的答案,然后调整你的关注点和投资来支撑它们,这将帮助你免于陷在行将就木的业务模式里难以自拔,帮助你实现跨越并成为颠覆者,这样你便可拥有着眼于未来的解决方案,从而产出你最想为顾客创造的更高价值的成果。

而它不仅适用于 B2B 和 B2G(企业对政府)等交易额达数百万美元的合同,也适用于 B2C 业务,甚至包括那些销售像运动鞋这样的功能品的公司,比如耐克。在看似高度同质化竞争的运动服饰世界里,消费者追求的是更有价值的成果,因此你可以在他们的生活中扮演更有价值的角色。耐克几十年如一日,一直在追求这种颠覆前沿,使产品避免落到"大路货"的境地,在价格和选择上都优于竞争对手。究其原因，正是耐克了解最优秀的运动员和渴望变得更好的普通运动员都在寻求这种成果。正如耐克的口号所言，只要拥有身体，你就是运动员！

让我们从头开始。耐克公司成立的宗旨是：提高运动员的成绩，减少他们的损伤，并支持教练和老师充分发掘运动员的潜力。从早期比尔·鲍尔曼（Bill Bowerman）的厨房开始，在那里，他拆掉华夫饼干机，制造出一种新的跑鞋，并最终发展成了如今销售额达数十亿美元的经济实体。耐克公司一直投资进行研究和广泛的测试，并注重产品设计，以尽力实现哪怕微乎其微的性能提高。正如耐克前高管艾伦·施米特-德夫林（Ellen Schmidt-Devlin）向我们解释的那样，0.01 秒的时间就能决定金牌的归属，耐克致力于创造一种产品来支持运动员追求这电光火石的瞬间领先。

对研究和发展的投入至今仍然是耐克的立足之基。仅在 2013 年，该公司就获得了 550 多项专利！公司专注于针对不同领域运动员的个性化需求开发有针对性的产品，对这一点他们坚定不移。通过新技术、新设计、新材料甚至是新设备来提高性能，这会让耐克感到兴奋，因为它关注的是未来可能的成果，而不是用以创造出现今产品线的那些投入。

在 21 世纪早期，当耐克的产品代表了解到一位由该公司提供体育用品的跑步教练让他的运动员赤脚跑步时，耐克开始建立一个研究团队，目标是研发一款更轻便、更简约的跑鞋。当耐克公司正加紧投资支持研究项目，以便于 2004 年推出耐克 Free 系列跑鞋时，另有一家名叫 Vibram 的公司正在研究五趾鞋（FiveFingers），想把极简主义的趋势更向前推进一步。但耐克公司不为所动，因为在公司所做的研究中，并没有证据表明这样的设计能够创造出预期成果。Vibram 公司最终因市场索赔而陷入一场集体诉讼，而耐克的 Free 系列跑鞋则成为市场上的畅销产品。

紧随着极简主义运动风潮的兴起，以斯凯奇（Skechers）的 Shape-Ups 和锐步（Reebok）的 EasyTone 系列为代表，"托纳"（一种塑身鞋款）来到世人面前，这两款鞋均在 2009 年推出。2009 年，塑身鞋的市场规模约为 1.45 亿美元，2011 年则达到了 10 亿美元的高点。尽管眼见有可观的市场，并且因未追随潮流受到一些投资者的批评，耐克仍然不为所动，因为没有证据表明这些鞋子会产生积极效果。到 2012 年，经美国联邦贸易委员会裁定，斯凯奇公司被罚款 4 000 万美元，而锐步被罚款 2 500 万美元，这就是虚假广告带来的后果。因为忠实于自己所追求的成果和对支持研究所做的承诺，耐克成功地避开了这个陷阱，并专注于通过获得有效验证的产品来提高运动员的成绩。专注精神和自律性让 DPR 这样的公司大获成功，耐克公司同样具备这样的禀赋，即使某种观点开始流行，但如果没有研究能证实其效果，耐克就有能力对其说"不"。

当竞争对手忙于跟风托纳鞋时，耐克开始认真进行深入的研究，以创造出能够通过行为改变来推动运动成绩提升的产品。耐克公司一直致力于通过共同愿望和榜样来联结普通运动员，从而围绕公司赞助的运动员、支持的运动项目和销售的产品构建起一个社区。技术开始在消费者的生活中发挥出重要作用，在 2006 年，耐克发布了 Nike＋iPod 运动套装，与苹果公司独家合作，将技术和运动服装结合在一起。得益于双方年复一年不断对产品进行有效升级，该产品取得了成功，并且一直表现良好。据报道，到 2013 年，Nike＋的全球用户超过了 2 800 万。用户可以创建线上"挑战"，社区成员可以相互竞争或比较各自的成绩，从而为取得积极成果建立起自我强化性支持。曾经聚集在世界级运动员周围的耐克部落现在已经变成蓬勃发展的活跃的线上数字社区，部落成员仍然雄心勃勃，以更有绑定力的新方式相互联结起来。

Nike＋是一个真正契合耐克及其合作伙伴产品的解决方案。像 Polar（心率监视器制造商）、微软（Kinect 体感周边外设）等，当然还有苹果公司，这些公司都在这个平台上继续创新，而且该平台已经成为数百万消费者追求的能促成行为改变的相关解决方案的创生地。截至 2015 年，该平台的日活跃成员数已经超过 5 450 万，总跑步里程达到十几亿公里，共消耗了超过 1 000 亿卡路里的热量。在 Nike＋的成功中，耐克不仅仅把自己定位成一家鞋类和服装公司。通过与消费者追求的最终成果相联系，该公司建立了超越其产品的影响力，这些成果包括深度投入健身事业，并从健身运动中获得更佳效果。耐克现在是一家制造卓越运动产品的公司，同时也提供诊断、目标追踪和全球运动绩效基准测试方面的服务。

基于 Nike＋平台的成功，耐克以 FuelBand 作为敲门砖进入了可穿戴技术领域。FuelBand 在市场上表现良好，在许多方面超出了预期。然而，耐克在仅仅两年之后就把它放弃了。为什么呢？它意识到，尽管 FuelBand 是市面上最早的同类产品之一，其销售量也很稳健，但耐克更适合与已经进入并迅速浸透该领域的科技公司合作。纵观全局，这个平台使用的单一功能的技术并不是耐克公司应该花费精力的合适领域——它不是正确的颠覆前沿。

事实上，耐克正在研发新智能材料。想象一件衬衫，它会根据你的训练强度、出汗情况和外部温度来改变其成分；它可以追踪和测量你的体温、心率及其他生命体征的变化，从而引导你达到最佳表现区间。这种产品正处于耐克当前的颠覆前沿，而且耐克知道，它很快就能上市，并出现在你的衣柜里。

无论技术如何变化，耐克仍将专注于其所追求的成果：提高运动员的成绩、减少损伤，并对训练和教授运动员的教练人员予以支持。它将持续稳定地关注未来发展，而不是囿于现有投入和传统业务模式的制约，另外还将追寻创造这些成果的最佳方式。它将直面未来的复杂性，并将通过解决这种复杂性来提升其影响力，且将继续争取成为世界各地职业和业余运动员的当然之选。

耐克就是这样坚持以研究为基础的创新，坚持把对运动员成绩和价值的关注作为其最高使命。对比耐克，在你所属的市场中，你可以瞄准的更高价值的成果是什么？你如何重新定义自己所创造的成果，让你所做的事情更具分量？要真正兑现承诺，就必须走向颠覆，并欣然接受在那里所发现的复杂性。

直面复杂性

两年时间，300多千米的电缆布线，100个高清互动平板屏幕，为了让博柏利充满梦幻色彩，面积达4 000平方米的新建门店在伦敦丽晶街上生机勃勃地坚持下去，这只是其投入的一部分。这个有160年历史的品牌在颠覆前沿的表现，这个体现着零售业未来的典型例子，只是这一标志性品牌鼓舞人心的转变故事中的一小部分，此前由于未能与时俱进，该品牌几乎到了销声匿迹的边缘。

在2006年安吉拉·阿伦茨成为该公司的首席执行官后，一名行业分析师曾请她指出博柏利最具威胁的竞争对手是谁。是路易威登（Louis Vuitton）？古驰（Gucci）？"不，"阿伦茨回答说，"是线上博柏利。"阿伦茨继续评论说，客户现在可以从网店（如Gilt Groupe和Net-a-Porter等）购买同款博柏利服装或饰物，但价格最多可以比博柏利店面价格低25%；有时他们也可以在Burberry.com上以更低价格购买。某种程度上，在阿伦茨的领导下，博柏利必须找出如何吸引更多消费者来实体店消费的办法。阿伦茨认为博柏利店面有能力参与竞争，但前提是该公司要确保顾客在实体店内进行消费所获得的体验至少要值得多支付的这25%的产品价格。否则，这些门店就会被淘汰出局。

对博柏利所销售的产品而言，便宜的功能性替代品很多，也能轻松买到。而博柏利通过出售一个故事、一个形象实现了个性化销售。阿伦茨表示，至少有25%的顾客感知价值是通过店内体验来创造的。阿伦茨和她的团队将如何实现这一目标呢？数字和线上颠覆正在挤压全球零售商的市场，他们的典型应对方式是自己也涉足线上和数字业务，但却从未认真思考这件事情，更有甚者干脆对线上销售的影响视而不见，寄希望于这永远不会真正威胁到自己的基础业务。

像奥多比、博柏利这样的公司，它们没有选择两个选项中的任何一个，而是正面迎击颠覆，直接从中寻找灵感。即使是最具创新性的零售商，也正试图通过在线上环境中复制线下体验从而获得成功。阿伦茨和公司当时的创意总监克里斯托弗·贝利（Christopher Bailey，2014 年被任命为首席执行官）认为这是一种滞后行为。正如他们所推断的那样，实体店之所以输给网店，是因为顾客发现网上所提供的东西既吸引人又有黏性：他们有机会进行研究，与朋友进行交流，并做出决定。过去人们把线上看成实体业务和品牌的一个简单延伸，现在是时候抛弃这种观点了，要转而到网络上寻求指引，了解如何与博柏利的下一代客户建立起更紧密的联系。而且过去存在的认为社交媒体可有可无的想法，现在也要抛弃。博柏利的颠覆前沿是充分利用其线上业务，并将其与店内体验进行整合，彻底改变行业的观念和惯性思维，下文将详述博柏利针对其店内体验做出的创举。

除了数字方面，如果博柏利想在变幻无常的高端时尚界保持重要地位，它知道自己必须将目标指向千禧一代。像阿伦茨于 2013 年发表在《哈佛商业评论》的一篇文章中所解释的那样，博柏利"开始把我们的营销工作从瞄准每个人、每个地方，转到集中在未来的奢侈品客户身上：千禧一代。我们认为这些客户被我们的竞争对手忽略了。而这正是我们的'白色空间'"。千禧一代也冲击了其他各类产品的市场，对于一些品牌而言，事实已经证明千禧一代非常难以捉摸、难以取悦。但对于博柏利而言事实却并非如此。该公司直接走向这个颠覆性的细分消费市场，并且重点关注这代人想要从他们所穿着的品牌中得到什么，博柏利努力成为社交媒体世界中最受追捧的"大热"服装品牌。到 2014 年底，博柏利的 Twitter 粉丝数量已经超过可口可乐（或任何其他消费品牌），并因其极致个性化的吸引新生代客户的方式，被奉为这个产品类别中的典范。他们的方式就是，如果你希望拥有自己的细分客户市场，那就把它创建出来。

该公司双管齐下的策略奏效了吗？2006 年 1 月，当阿伦茨加入时，公司股价为 441.5 英镑；而到了 2015 年 4 月，公司股价达到1 724 英镑。2014 年巴克莱银行的观察专家朱利安·伊斯特霍普（Julian Easthope）发表的一篇独立报告显示，博柏利的成功"反映了在线下和线上对数字营销和客户服务方面进行投资的成效。点击和收藏方面有了强劲增长，而且，目前该公司 131 家主流店面中都实现了 iPad 销售。店内和线上的销售转化率都有所提高"。

博柏利继续在新兴市场中表现出增长态势，并且在竞争激烈的市场上，成功地为其产品维持了溢价。我们可以放心地说，2015年，博柏利安然度过了金融危机的考验，因为直面数字化颠覆的复杂性并实现了飞跃，该公司再次实现了垄断性优势，宣称其风衣同以往一样炫酷，值得高价以求。

为做到这一点，该公司不仅仅朝着它所面临的颠覆威胁挺进，还欣然接受在那里所发现的复杂性。博柏利的愿景是在线上和线下创建一种无缝的数字体验，并运用数据和分析创建自己的客户群体，这听起来很不错。对于博柏利这样的公司而言，或对于其他任何相关的公司而言，在有可能得到解决的问题中，这些挑战都是最复杂的。额外的复杂性在于公司必须重现训练销售人员，要重组后端系统，要让投资团队认识到变革前景等。这些工作所具有的复杂性充分证明的确需要进行大规模的改革。

一切都始于重新塑造伦敦这家旗舰店。博柏利时任创意总监、现任首席执行官克里斯托弗·贝利表示，该门店旨在把"实体和数字世界结合起来，共同创造奇妙的体验，包括从时尚到传统的所有事情"。

重新构思店面，帮助博柏利重整旗鼓，在2007—2012年的5年里，这成为公司转变举措的一部分，并使营收和利润翻了一番。公司采取的措施是，将对客户见解的极度关注与先进技术、经过再培训的销售人员、对新的互动形式的承诺以及大量的时间和金钱投入整合到一起，以重振这个曾经的标志性品牌。正如博柏利所理解的那样，客户喜欢那种极受重视的感觉，自己就像是世界上最重要的人物，而实现这一体验的唯一途径就是提供超个性化的服务。2012年，在投入30万人工时进行开发建设后，公司的新店开张了，由此开辟了一个数字体验的新时代。

顾客需要光顾店面才能获得完整的体验，考虑到博柏利使用RFID（无线射频识别）作为新技术的一个独立元素，它让顾客在门店的感觉与在网站中毫无二致。该公司将射频识别技术融入许多服装的标签中，凭借该技术，顾客可以从衣架上取下衣服，在附近的互动镜子前挥动这件衣服，就能观看到工匠缝制这件衣服的镜头。这帮助客户找到了一个"理性"的理由，来为自己这种从价格来看很不理性的购买行为提供辩护。顾客也可以使用同一面镜子，看到穿上手中这件服装，再配上合适的饰物和包包后自己所展现出来的形象。阿伦茨总结道："走进店里就像走进我们的网站一样。"

该门店是博柏利转型中最具代表性的成果，这种转型为该公司创建了独有的一个客户细分市场，但它绝不是唯一一个，而且其团队敢说，这也不会是最大的一个。他们决定持续不断运用新技术深化对客户的理解，并形成对顾客的新见解。这需要做两件事：一是获取每一位顾客的数据，然后成规模地将其转化成洞见；二是强化理解能力，促使店内员工每时每刻都能运用这些关于客户的洞见。

博柏利把新技术称为"客户360度"，主要记录客户的购买历史、购物喜好和时尚倾向，并把这些数据编译成关于消费者的数字形象描述，让销售人员可以使用 iPad 访问这些数据。通过自己的线上行为表现，客户给这一描述的形成提供素材：关于客户社交媒体活动的数据不断汇入博柏利的系统，让博柏利得以进一步了解客户的个人喜好。博柏利可能会发现，买了 A 夹克的人往往喜欢 B 腰带，或往年喜欢 A 时装系列的那些客户往往喜欢当下的 B 系列。员工在与客户互动过程中，会通过他们的 iPad 获取这些信息。但正如博柏利的首席技术官约翰·道格拉斯（John Douglas）解释的那样，其中蕴含的可能性还不止于此。以一位名为娜塔莎（Natasha）的时髦顾客为例，在某遥远城市举行的一场会议休会期间，这位顾客在博柏利的门店逛了一圈。这时，销售人员可以叫出她的名字，并根据她的购买历史、Twitter 帖子和时尚行业趋势数据所做的预测分析，通过 iPad 来向她推荐产品。娜塔莎可以观看销售人员的屏幕上出现的风雨衣，然后欣赏这些外套的视频。如果她看到自己喜欢的一件衣服，售货员可以立即用这款设备判定娜塔莎家乡附近的门店里是否有这件外套的存货，并安排给她发货或者等她来店取货。

同样的分析引擎也能实时影响旗舰店体验的其他方面。一块 6 米高的屏幕滚动播放最近的时装系列视频，并通过 500 个扬声器大声宣传。这块屏幕会根据门店里人们的偏好（以及当天伦敦的天气）实时调整所播放的视频。

我们可以不停延伸下去。关键在于这项工作非常复杂，我们会说，这是一项艰苦的工作。博柏利不只是走向颠覆，它欣然接受甚至陶醉在自己所找到的复杂性之中，而且能够创造出无与伦比的品牌和店内体验。

思考一下博柏利的故事，再想想奥多比的关键战略行动。互联网成了一股强大的颠覆性力量，它正在改变一切——内容的角色、营销人员的角色，以及软件开发和交付的方式。正如我们所看到的，大多数人和组织面对颠覆性力量时的自然倾向是转过身背对它，假装它不存在。奥多比的大多数竞争对手就是这样，它们都固守传统模式来开发和授权消费者使用那些开箱即用型软件；它们并没有直面颠覆性挑战，而是避开了基于云业务的模式所呈现的复杂性。

奥多比的领导者们决定迎难而上。他们没有被吓倒，而是客观看待自己在行业未来和客户面前所扮演的角色。他们充满求知欲，想要了解互联网，并设法利用互联网可能带来的新机遇。公司关键的下一步是要判断出为了提升自己的影响力，应该创建什么样的成果，并将精力集中在这些方面，而不是集中在那些曾经定义了历史、正日益显得低层次的流程和业务模式的挑战上。该公司欣然接受了为抓住这一新机遇而协调自己的人员、流程和系统时遇到的复杂挑战。

正如奥多比的首席信息官格里·马丁-弗里金格（Gerri Martin-Flickinger）所解释的那样："如果你是一家产品公司，你就会考虑物料主数据、库存单位和实体商品之类的东西。而当你身处云业务，你就要考虑法定权益和认购价格，以及借助插件每月都可调整的高度可配置的产品本身。当你思考这对一家公司所蕴含的意义时，应该认识到它会改变一切，从制造产品的方式到如何销售产品都会发生改变。这需要不同的财务后台办公系统，以及一种非常不同的业务开展方式。"

这一切都令分析师们怀疑奥多比是否真有实现这一切的能力。公司的领导者也认识到，不能自己迈一大步，然后认为公司会理所当然地紧随其后。领导者需要协调流程、系统和人员共同进步，包括客户、员工以及投资者。奥多比通过对其投资圈的积极管理、开放式交流，以及展示早期胜利成果实现了这一目标。它早早地就频繁进入投资界，解释预期收益下降的原因并提供新的解读指标，指出该指标能更好地反映和衡量企业的健康状况。

建立组织协同

转型专家彼得·富达（Peter Fuda）博士说过："转型不仅仅是

一个有关意愿的问题，它也是一个如何协同的问题。"这也是我们的经验，而且是一些具有重要分量的公司的经验。众多利益相关者影响着系统和流程能否合理组织以支持转型顺利实现，如果他们之间难以协调一致，那么重要转型就无法获得成功。直面复杂性也许真的很难，要靠自己单枪匹马来做更是难上加难。

当奥多比转而将软件作为一种服务而不是现成的产品提供给用户时，许多人都需要改变——用户、投资者、员工、支持团队和其他人都包括在内。在奥多比的案例中，公司在转型愿景方面提出了明确目标，但在人事安排方面公司处理得很温和。虽然没有在转向软件服务模式这一总体要求方面做出任何妥协，但公司确实明白，有些员工不愿意走这样的路，还有些人是没能力走。公司对那些有能力的员工进行重新培训，为那些不具备这种能力的员工提供慷慨的遣散费和再培训计划。没错，奥多比必须做出一些重组决策，它最终做出了这些艰难的决定，并实现了飞跃。

对客户而言也是如此。假如你刚刚购买了一款昂贵的创意软件，不言自明的假设是，当厂家对软件功能进行提升时，你会得到一个明确的升级产品的渠道。实现云业务转型之后，奥多比向特定客户提供了大幅度的订购折扣，帮助他们转型，并缓和了因公司转型带来的冲击和影响，同时，还向客户描绘了在这个平台上所激活的云模型那些令人兴奋的新功能。

奥多比还必须平静地接受部分细分市场客户离开自己，这算是好聚好散。要做出这样的决定，你必须能够坦然地告诉自己："每个人都能更好地利用这种新的模式——我们能为客户创造的长期价值远远超过短期成本，而且超出了我们之前所能做的任何事情。"你同样也要做到这一点。考虑一下你自己的处境。要从根本上改变你正在创造的成果，你需要接触哪些利益相关者？这样做可能是为了你自己、为了你的团队，也可能是为了整个公司。

奥多比的首席财务官认为，在拿出足够好看的数字之前，公司很难让华尔街给其留出时间来展开新的模式。公司的领导地位之所以稳固，是因为公司确信新模式是正确的，而且也一直在积极地与投资圈合作，以帮助他们理解自己的愿景。"我们进行了三年透明的沟通。我们向他们展示的是，损益额下降得越快，你作为投资者就越有优势，因为会有更多人认购，从长远来看，我们作为企业会发展得更好。我们帮助他们完成了过渡，使他们完全赞同并且理解这种新模式。我们给他们提供长期的指导，使他们能够看清未来的发展前景。"

博柏利同样要实现协同一致，公司里的其他人可能梦想着做一些大胆的事情，但他们没有付诸实施的决心，而阿伦茨和她的团队会告诉你，这对牵涉其中的每个人来说都是非常艰难的工作。正如该计划的前顾问迈克·索普（Mike Thorpe）与我们分享的那样，这是他所经历过的最困难的项目之一，但也是最值得做的项目之一。要使公司的客户关系管理系统（CRM）与企业资源计划系统（ERP）关联起来，是一项具有挑战性的工作，但是还有更多的系统和流程需要与新愿景协调起来，因此这仅仅是个开始。博柏利还必须对其销售人员进行培训以便以不同的方式开展销售（起初，销售人员总是把他们的新 iPad 放在一边，他们更愿意回到自己最熟悉的服务模式中去)。此外,博柏利还面临着要在更短时间内向客户交付产品所带来的配送方面的挑战,更不用说还需要为公司复杂的分析系统开发新的技术工具。作为其战略的一部分,博柏利也必须面向年轻人群重新进行品牌定位,开始选用因主演《哈利·波特》成名的艾玛·沃森(Emma Watson)作为新的品牌代言人,在全球范围内关闭一些已建立多年并且难以改头换面的经销商和门店,从而确保其品牌以更可控的独特方式呈现于大众面前。

这次转型中真正的传奇是这些行动而非门店本身。通过对人员、系统、激励措施、供应链以及品牌接触点进行统一协调,博柏利成功扭转了自己的命运。要做出某些决策确实非常困难,而另一些决策则代表着重大的投资,以及对传统做法的背离。要提升你的影响力就必须完成这些艰难的工作,而且没有捷径可走。

正是在这个过程中所体现出的勤奋和持续的专注,以及对人员、系统和流程进行的统一协调,使得 BrokerLink(化名)不仅能在颠覆中苗壮成长,还能因此而兴旺发达。BrokerLink 发现,投资产品行业的市场并没有受到互联网的威胁,其所受影响主要来自政府立法(尤其是《多德-弗兰克法案》),以及经济环境的变化(由2008 年的金融危机引起)和客户需求的改变。有些事情甚少有竞争对手敢于去做,而通过解决这些事情,BrokerLink 得以成功应对这些挑战:正视这种颠覆性的环境,并找到在新市场环境中增加价值的重要新方法。

BrokerLink 是一家券商,主要提供本地财务顾问的研究支持和后台服务,主业是选择投资标的,并在平台上向顾问提供这些产品以便能出售给终端投资者。它是支持顾问业务的平台，因此，如果某个顾问需要跟进市场上的一个新机会，那么券商就需要创建流程和系统来为他赋能。券商的成功与其顾问客户的成功息息相关——如果顾问的利润减少了，券商的收益也会减少。

在金融危机之后，似乎每个人的业务都事倍功半。顾问们希望券商能够站出来给予更多帮助，特别是在《多德-弗兰克法案》的合规压力下更是如此。与此同时，客户对互动和支持的需求也在增加。

许多券商对这些颠覆情况做出的反应是，抱怨新的立法，并游说反对新的立法。考虑到在2008—2009年的经济危机之后该行业的信任度大打折扣，这注定是一场败仗。另一种选择是让顾问们做出更多努力，但他们已经不堪重负——不仅仅是合规性带来的负担，还有来自那些投资者的负担，顾问们需要更多实时互动来打消顾虑。更糟糕的是，顾问们从事的往往是相当不成熟的业务，他们中的许多人都毫无计划地处理流程，而且他们对技术工具的接受程度往往都很低。顾问们的年龄也偏大（美国顾问的平均年龄在50岁以上），往往对他们所知道和理解的东西固执己见。当然，并不是所有顾问都符合这一描述，但很多人的确如此。说一千道一万，由于能直接与客户联系，顾问们在价值链上拥有最大的权力，但在创新和适应变化方面，他们却往往是最薄弱的环节。

BrokerLink决定实现一次飞跃：找到一种方法，将新立法的复杂性和不断变化的投资者需求转变为机会，让顾问们为投资者创造更多价值。在此过程中，投资者对致力于促成这种双赢结果的顾问们变得更有价值。BrokerLink提出的乐观问题与多年前小猪扭扭所问的问题大不相同：《多德-弗兰克法案》要求增加证据开示程序和客户审查，我们如何才能将这种合规负担转化为高价值的顾问-投资者互动，从而带来更多业务收入？BrokerLink 不只想在立法上领先一步，它想成为促进业务增长的强有力的催化剂，并与其顾问建立关系。它从调整自己的流程和系统入手，使顾问能够向投资客户提供高价值的承诺。

BrokerLink 在其平台上为顾问们重新设计了客户端的新手培训和发现流程。具体来说，该公司做了三件事。首先，它调整了最终投资者与顾问的初次见面过程。见面从一个非结构化的问答环节开始，再到一个系统的发现和判断流程，进而生成一份正式的客户报告。其次，作为这一流程的一部分，BrokerLink 让顾问们在此过程中尽早就规划费用和报酬问题进行探讨，讨论顾问应该给顾客带来的价值，并坚持一个理念，即顾问应该按劳取酬。第三，Broker-Link 利用在判断过程中所形成的新见解，识别出能够满足投资者需求的更广泛的产品和解决方案。

BrokerLink 的新流程取得了巨大成功。BrokerLink 平台上的许多顾问发现，某些潜在客户对投资计划和建议的兴趣超出了他们的预期。在流程的早期阶段，这些潜在客户更愿意透露有关自己可投资资产的信息。一些顾问对 BrokerLink 的新流程印象非常好，因此，对现有客户，他们也按照这一流程来进行判断，用这种新方式来更新彼此的关系。通常，他们可以很轻松地重新分配客户的投资，为客户赚更多钱，自己也能赚到佣金收入。在某些情况下，顾问们发现，他们已经合作了 20 年的客户还拥有大量从未披露过的资产可以用于投资！

在流程早期谈论费用会吓跑一些投资者——这是一件好事。正如我们所看到的，当公司成为当然之选时，他们关注的是正确的客户，而不是所有客户；对于顾问而言，指的是那些准备按照他们的计划和建议进行恰当投资的高价值客户。

BrokerLink 运用判断工具发现了更多产品并向投资者出售，带来了很好的收益。据报道，在 BrokerLink 平台上销售人寿保险的顾问，销售额增长了 70%，而来自其他券商平台的顾问的数据显示，在同一时期内，在市场自然增长方面，只有针对低龄青少年的产品销售出现了个位数的增长。再者，这也让投资者得到了好处，因为这种产品将保护他们的家庭免于灾难性事件的打击，而遭遇这种事件可能会破坏一个家庭的财务健康。顾问们也得到了好处，因为他们从人寿保险的销售中获得了更高的佣金。

BrokerLink 同样也得到了好处。顾问们更重视与该公司的关系，视其为更重要的战略合作伙伴。公司管理下的资产数量、富有客户的数量，以及像人寿保险这种高利润产品的销售额都在增加，在大多数券商都几乎没有流动性收入的时候，BrokerLink 获得了急需的收入和利润。

BrokerLink 制定了一个新的解决方案，让顾问们可以与客户建立一种新型关系，从而更好地了解他们的生活和需求，而且这样的理解还是在关系不断更新的基础上实现的。这反过来又提升了 BrokerLink 与其直接客户也即顾问之间的关系。BrokerLink 不是仅仅口头上说要与顾问们同呼吸共命运，而是直面这种颠覆局面，并通过为他们创造更多价值、带来更大影响而成为他们的当然之选。它通过将人员、流程和系统结合成一种新的、更有价值的服务客户的方式来实现这一点。

更高的影响力始于从辛苦做工作到做高难度工作的转变。当致力于为设计师开发、包装和发运软件，以供设计师创建漂亮图形或供视频管理人员管理文档时，奥多比是在辛苦地工作；而通过那些高难度工作，他们则能够提高营销费用的投资回报率，并帮助品牌应对新兴的数字世界。GHX通过辛苦工作为其核心交易提供99.9%的正常运行时间，并且通过做好高难度工作将这个行业以有意义的方式整合在一起，以便为大家共同面临的最棘手问题拿出解决方案。像其他案例一样，DPR一直采用和别人一样的方式辛苦工作，争取中标，但直到它完成了一项高难度的工作，才重新定义了与合作伙伴合作建造伟大建筑的流程。这些公司都形成了高远的眼界和丰富的关系，然后迈出最后一步，找到了形成更大影响力的途径；它们共同努力，使自身成为目标市场的当然之选，真正变成了举足轻重的公司。

看看你周围的世界，想想如何用不同的方式做事？如何对自己所处的世界产生更大的影响？我们愿意相信，如果你能抓住机会去思考怎样才能带来更多价值，以及采取哪种形式才能让自己更有分量，那么每一家公司的每一个团队都会有一个变革机会。提升你的影响力意味着向你的颠覆前沿正面出击，直面你所发现的复杂性，需要你围绕客户最看重的高价值成果进行定位，并从那些只能支撑你当前的意图和价值主张的前期投入中解脱出来。这意味着你要和你的同事、你的员工、你的客户，以及你的生态系统中的其他人一起前进。回想一下湖滨公司，这家物流公司把自己变成了一个全面的运输合作伙伴。大多数首席执行官或首席财务官至少会对这个想法产生些许兴趣。从理论上来说，这听起来很不错："我们接管了客户的运输职能。客户的成本降低了，效率却提高了。与此同时，客户最优秀、最聪明的人员被解放出来，专注于其核心业务。"但是，大规模开展这项工作的任务极其复杂，而这正是湖滨感兴趣的方面。

正如湖滨公司首席执行官杰夫·摩尔所说，创造更多价值的机会"应该有一定的复杂性。问题越复杂，客户越难以处理，我们就能增加更多价值。在湖滨的新业务计划中，我们的人脉关系数量下降了，质量却提高了。而且随着质量的提高，复杂性也有所增加，没错，因为现在这个问题更重大。当有人说我一年有 1 500 万美元的运费，而且涉及 2 万笔交易，这是一笔很大的交易量，当他们说想把所有业务都外包给你时，基本上你会同时得到所有这些交易。他们会更加信任你，支持你对他们的承诺"。

这正是实施一个新的价值主张所需要的工作强度，这些努力巩固了成为当然之选的公司与其客户之间的关系。这些公司已经采用了一种全新的经营方式，他们的客户和投资者也同样如此。

你可以停止提升自己的眼界，并且觉得还是有很多有趣的事情可讲；你可以停止提升你的人脉关系，并且觉得自己仍然有很多很好的互动交往和潜力。但是，不管自我感觉有多好，如果你在征途中真就这样驻足不前，你很难以有效方式改变你所在的行业或你的公司，也难以保持当然之选的地位。

去实现飞跃，做高难度的工作，努力成为颠覆者！要运用你高瞻远瞩的眼界和丰富的人脉，采取行动，发挥更大的影响力！通过此举，你会发现需要你做的高难度工作。这将激励你成为一个与你作为当然之选的新地位相匹配的领导者。接下来将是我们历程的最后一站，也是提升你影响力的最后一项任务：响应召唤。

第八章

践行：响应召唤

　　我们很喜欢把职业运动员当作英雄来看待，可能因为他们比赛时的风采，因为他们给大众带来的欢乐，以及在逆境中崛起的拼搏精神。不过，我们想刺激你的一点是：抓住一个充气的猪皮革制成的长椭圆球，或在精心修剪的草坪上击打一个小白球，类似这样的休闲活动就值得如此赞美，那么，成为当然之选的历程当然就更有意义。

　　再来看看耐克。当耐克宣称"只要拥有身体，你就是运动员"时，该公司确实是心口如一的。它并不像人们所想的那样，只关注热门项目的运动员。该公司也与残奥会运动员合作，推出了一款专为残疾人士设计的运动鞋，这款鞋的设计非常适合那些想穿运动鞋的残疾人士。这款 Nike Soldier 8 FLYEASE 运动鞋采用易于穿脱的后拉链设计，可以帮助成千上万每天努力应付穿鞋任务的人。更令人印象深刻的是，这款鞋是耐克与一位脑瘫的年轻人合作设计而成的。这项工作具有重要的分量,这正是令耐克在许多方面表现出色的企业文化的核心部分。

决定做具有重要分量的事情,并成为一家具有重要分量的公司,然后踏上我们所描述的这段历程,这是一种英勇的行为。这就像你小时候读过的所有英雄故事一样。在每一个故事中都有这样的时刻:英雄响应召唤,开始向未来的自己进发。我们鼓励你用同样严肃的态度来对待自己的组织。希望你能欣然接受本书倡导的这种弘扬"分量"的情感和目的性,这也是在呼应你的客户、员工和社区对你怀有的期待。如果你对此无动于衷,就不可能有动力坚持到底;如果你能响应召唤,那就是另外的结局。

约瑟夫·坎贝尔描述过这一时刻,他说道:"如果拒绝召唤,就会将冒险转化为它的反面。在无聊、苦差事或'文化'的包围下,主体就会失去有效的积极行动而会成为待拯救的牺牲品。他那满是鲜花的世界变成了一片布满干硬石头的荒原,他的生活也将毫无意义。"

我们可以用这样的荒原来比喻同质化竞争激烈的市场中组织的生存状态,它们要靠产品数量求生,而谈下来的产品价格则一年不如一年。自信地站在颠覆前沿然后选择向前跃进,正视面前的挑战,并且在你的世界中做出真正的改变,毫无疑问,这就是我们的传奇英雄们曾接受过的召唤,只不过这次故事中的英雄是你。

做正确的工作之所以重要,原因正在于此,这种工作能激励你,使你的工作更有意义,而不仅仅是为了提高利润。这是从人性和社会方面来看待你所做的工作。你的客户、你的供应商和你的员工总归都是人，是渴望实现目标的人，是想要留下传奇的人，是想从自己所做的事情中发现意义而不仅仅是得到经济利益的人。我们将此视为响应召唤，它真正的意义在于使自己做出的决定不仅产生影响，更要对你的组织、客户和整个社区产生积极的影响。

米尔顿·弗里德曼（Milton Friedman）认为"企业的社会责任是实现利润增长"，他在 1970 年以此为题写过一篇文章。从 20 世纪 70 年代到今天，他对业务模式和组织风气的影响不可低估，而这篇文章经常被无情竞争策略的疯狂捍卫者们所引用。文章中的策略倾向于创造短期收益，但当我们把眼光放长远，并考虑到更多因素时，这些收益就会变得非常可疑。弗里德曼的观点必须放在短期或长期的特定背景下进行具体分析，我们相信，大多数公司还是希望从长期发展的角度来考量问题。因为我们还是认同长远的观点，愿意把公司看作社会角色，并且认为企业社会责任（CSR）是企业取得长期成功的关键因素，也是所有公司的道德义务。

我们有机会与世界上几家最大、最成功的公司合作，帮助它们完成企业社会责任项目的若干部分，这些项目在多方面扩大了这些公司的成果：让员工对公司更有归属感并坚持为公司努力工作；让公司与客户建立了一种独特的联系，而且公司还通过自己支持的项目与潜在的新客户建立起联系，从而有助于其获得长期成功。为了实现利润最大化和长期发挥积极影响，你可能恰恰需要在短期内也保证实现自己的目标。

我们赞同汤姆·扎拉（Tom Zara）关于品牌地位的观点，并且把它看作是任何公司都渴望应对好的挑战。汤姆是国际品牌集团

(Interbrand) 纽约公司的全球实践总监，主要负责企业公民和战略工作，他曾经说过："一个运用品牌力量和决心来提升自我的企业，可以将各种经济因素、资源和技能集合在一起，不但要组织、利用它们来实现利润最大化，更要使世界恢复平衡。"

这个让世界重新恢复平衡的雄伟目标正是那些最优秀公司所关心的事。这些公司利用自己高瞻远瞩的眼界、关系和影响力，创造出了一种新的世界秩序，这对它们、它们的客户以及它们所在的更广泛的社区都至关重要。它们做的工作都具有重要分量，而且它们所拥有的影响力也使得它们更加举足轻重。

当我们思考一些我们研究过的案例时就会发现，伟大的企业有一些共同特征：首先是对更大善行的承诺、责任感；其次是一种理解，认同利润要从所做的伟大的事情中来，而不是通过其他方式。例如，DPR 先想要建造伟大的建筑，该公司知道，如果自己能与改变行业发展运行轨迹的使命呼应起来，获得利润就是自然而然的事情，这是内在逻辑使然。正如我们从该公司一位高管那里听到的："在 DPR 建筑公司工作，就是让你成为比自己更重要的事业的一部分。这关乎为一个致力于服务客户和推动行业变革的全国性组织的成长和成功做出贡献，也关乎以正直、快乐、独特和前所未有的方式建造伟大的建筑。"

德勤加拿大的领导者在描述"最佳管理"项目背后的动机时，谈到了如何通过发展和支持中型市场公司来促进加拿大的经济繁荣："这个项目的愿景是建立一个能够互相帮助的公司社区，能够带来见解和构想，让所有加拿大企业都能获得成功。"当你了解到这是在互联网出现之前就构想出来的概念时，你就会越发意识到它的可贵。因为在那时，这些公司根本无法从其他渠道获得这样的见解。

当 CVS 公司（我们即将进行探讨）的领导者谈论 CVS 的 8 000 个药店、900 家小诊所以及 20 万员工时，他们不会谈论股东价值最大化，他们谈论的是"帮助人们走上更好的健康之路"。

DPR 能够获利，德勤的"最佳管理"能将质量领先的理念引入到业务中，而 CVS 也使股东价值实现显著增长，这样的事实值得我们思考。我们并不是对那些信奉社区第一、股东第二的公司持盲目乐观态度。我们也认识到，在每个案例中，这些公司都在努力响应召唤，有时也会给所处的环境带来负面影响。我们无法提供一个完美的公司范例，但是我们可以提供许多公司的实例，这些公司都在努力探索，以便在复杂的大背景下推动积极的改变。我们相信，当利润或股东价值成为公司的唯一目的时，决策就会成为短期行为，只关注季度甚至月度收入，这不可能让公司自信地站在颠覆前沿，更无法做出应对这种颠覆所需的大胆决策。它会挡住你响应召唤的步伐，使你难以为更高的目标服务，从而为长期的盈利能力和成功做出贡献。

那些能找到途径变得更具分量的公司对自己的未来雄心勃勃、非常乐观。它们对未来有长远的打算，并且对客户、员工、所在行业和整个社区进行投资，以确保自己能长期保持可持续的盈利，即使这意味着对当下的收入说"不"。同样，我们研究的这些公司的领导者不会根据一个报告周期来判断自身影响力。不论是评价过去的表现，还是展望未来，他们都会从系统的层面来看问题，包括生态系统、行业参与者和更大范围的社区，并且会考虑更长的时间跨度。与奥多比一样，它们有勇气在必要的时候抵制华尔街对短期增长的需求，坚持长期承诺，向市场贡献更大价值。对行业、员工和社区的这一承诺，隐含在它们做的每一件事情和每一项决策中，这成了其各自 DNA 的一部分。而当被问到为什么要为客户或预期客户超常考虑，与其竞争对手免费分享见解和知识产权，或者将专业知识和资金投入到社区发展中时，这些公司的领导者只是简单地回答："这是正确的事，值得去做。"

在我们研究上述公司所做的记录中，最常见的一句话或者说一个理念就是"正确的事"，或者是基于这一主题的一些类似说法。无论是 DPR 花费大量时间和精力与斯坦福大学和其他大学合作以推进其产业的前沿技术，还是 LoyaltyOne 决定承担责任，建立整个市场，指导所有潜在的竞争对手，并推进改善这一产业，抑或德勤投资于加拿大中端市场的健康和发展，这些公司都能响应召唤，在时机到来时做正确的工作。

还有一个我们反复听到的说法：最优秀的公司会吸引最优秀的人才，因为它们做的是正确的事情。他们努力扮演领导角色、努力贡献回馈，并创造出比其他任何公司都更杰出的业绩，这让它们成为市场上那些最优秀人才的当然之选。这是为什么呢？我们的工作和外部研究表明，雇主和雇员之间的隐性社会契约已经不同于传统的婴儿潮一代对工作的认知，后者对工作岗位充满感激，愿意努力工作 30 多年，然后领退休金养老，这是工业时代的共同模式。不管公司的价值结构如何，这份隐含的社会契约包括为了进入企业并完成工作宁愿付出安全和寿命的代价。进入 20 世纪 90 年代后，业务外包和"业务流程再造"不断发展，隐性社会契约也发生了相应的变化。

几乎是一夜之间，雇员都成为一次性"资源"或"资产"，他们可能被轻易解雇，或者被其他更有效的工作模式所替代。结果是，员工开始根据成长机会来评估可能的雇主——他们可以在那里培养最具市场价值的技能，因此当他们不可避免地被精减下岗时，还能在其他地方找到工作。但是，我们看到了一种新的颠覆正滚滚而来，这种隐含的社会契约将再次发生变化。如今，许多员工都想为一家能够让他们获得成就感和目标感的公司工作，在这样的公司中，他们可以为公司的经济成功和社会影响尽一份力量。在如今紧张的劳动力市场中，这可能是最令人关注的理由之一，它让你能够认真审视你的公司在更广泛的社区中所扮演的角色。你可能会发现，通过提供新的工作，你将吸引到新型劳动者。

表明立场

近年来，在正视来自社会和文化变革的颠覆，并响应提升其影响力的召唤方面，没有比 CVS 健康公司更好的例子了。其门店在烟草销售方面的调整在短期内会给公司带来经济损失，但长期来看却回报颇丰。我们有必要深入了解 CVS 健康公司采用什么方法来处理这一重大颠覆，以及我们为什么会将其视作一个好的范例，认为它充分展现了在今天和未来一家公司如何才能以可靠的方法增加自身的分量。

在这个世界上，药店和其他行业一样充满竞争性。Walgreens和CVS经常为争第一打得头破血流，Rite Aid则乘隙而入。沃尔玛、塔吉特（Target）、西夫韦（Safeway）和其他大型超市也都在想办法分一杯羹。在CVS和Walgreens等公司目前的零售销售额中，有近1/3来自非处方产品，如食品、杂货、美容护理和其他相关的便利商品。因此，大型连锁药店要与加油站、便利店甚至亚马逊和其他在线零售商展开竞争。

由于大公司都在谋求规模经济和相对于其好斗的竞争对手的价格优势，因此这个行业在过去的十多年里实现了大规模的整合也就不足为奇。在产品和购物体验两方面，竞相打折以及同质化竞争非常普遍。我们能够想象到，不断试图比别人低上一分钱实在令人筋疲力尽。从战略上讲，Walgreens已经明确表示，它将专注于增加门店数量，使之遍布每一个街角，而且不光在药店，也要在日用杂货店进行激烈的价格竞争。CVS不只是朝着复杂的医疗改革方向发展，同时也向医疗保健服务本身拓展，在这个过程中，它试图提升自身对美国人卫生和健康状况的影响。

CVS的领导团队决定响应这种要求，在应对美国的医疗危机中发挥更重要的作用。他们乐于让Walgreens和沃尔玛在价格上拼杀，并在同质化竞争日益加剧的零售市场中越陷越深。CVS正视这种危机，并采取三管齐下的策略，包括店内诊所、战略采购伙伴关系，以及对慢性病这一病人开销最大的领域进行疾病管理。

坦白讲，所有这些策略及其执行方式都是可以模仿的。西夫韦、Walgreens 和其他一些公司已经广泛建立起诊所，投资于研究，并建立起伙伴关系以降低成本。这些都是可靠的高明策略，但并不一定会让 CVS 脱颖而出，成为当然之选。CVS 的领导团队意识到，出现颠覆的地方就会有机会，最终也会有不错的利润空间，但是需要大胆行动才能利用好这一空间。医疗保健和人口健康方面的变化所汇聚成的力量，为 CVS 提升影响力提供了一个绝佳机会，并且使其在事关卫生和健康的所有事务方面成为体系和消费者值得信赖的合作伙伴。

于是，公司领导团队做出了一个非常大胆的决定并发布公告，这是一个立即点燃媒体圈的消息，这些媒体都在猜测"他们在想什么？"（题外话，还记得我们探讨过的被这样问及的上一家公司吗？《华尔街日报》刊登了那篇报道，结果奥多比最终超出了所有人的预期。）该公告宣布，截至 2014 年 9 月，美国各地的 CVS 商店将停售所有的烟草产品。稍停片刻，回想一下你最近在一家非 CVS Health 药店看到的情景。也许你还记得在收款台后面铺满整面墙的烟草制品。你会不会觉得，香烟和治疗肺癌的药物放在同一个地方似乎有些不对头？CVS 就是这样认为的，并且采取了有争议的禁售烟草的举措，这将导致其每年至少损失 20 亿美元的销售额。

CVS 是第一家对消费者健康做出如此重大承诺的零售药店品牌，当你想到在一家专注健康生活的药店出售烟草是多么别扭时，就会觉得该公司的做法令人赞叹。CVS 的领导团队认定，公司不能一方面声称自己服务于美国消费者的卫生和健康，另一方面却又销售这些早已被科学认定为对消费者的健康非常有害的东西。它用一条标语取代了这铺满墙的烟草"资产",上面写着"我们戒烟了,也请一位训练有素的药剂师或护理师来帮你戒烟吧"。

与此同时,CVS 推出了一系列旨在帮助人们戒烟的产品和服务。《今日美国》(USA Today)报道称,"在 CVS,关于顾客戒烟的人物故事比比皆是"。"许多人说这是他们所做过的最困难的事情,"CVS 药店总裁海伦娜·福克斯(Helena Foulkes)说,"但是,公司决心让戒烟变得更容易。"更新后的 CVS 健康网站刊文表示,"有些人认为这是一个大胆的决定,但我们称这只是正确的决定"。这里引用的是公司现任首席执行官拉里·莫罗(Larry Merlo)的话。正如我们说过的,提升你的影响力不仅仅是为了做那些艰苦的工作,也是为了做正确的工作。

有趣的是,Walgreens 的做法恰恰与此相反,这家公司当时明确表示不会放弃烟草。Walgreens 的观点是,这种调整没有触及问题的核心,因为烟民只会转到其他零售商处购买香烟。有研究表明,这种说法并不正确,当像 CVS 健康这样受信任的药店品牌做出这种改变时,影响就会被放大,并激励吸烟者做出同样的决策。

正如扎拉所说,品牌会影响人们的思考方式,并且在这种情况下,我们相信这种影响正在朝着更好的方向发展。这是一种适时的对比。具有重要分量的公司热诚地想让客户和消费者更好,也让其所属的行业和其所在的社区更好(这最终让它们的经营活动得到社会认可)。当面临像"我们应该继续销售烟草吗?"这样一个事关 20 亿美元的短期决策和对美国人的生活产生更大影响的长期机会时,

CVS选择了后者。该公司呼应了自己在市场上看到的颠覆风潮中所出现的需求，并因此在竞争中占尽先机。有人可能会说，CVS此举也是马后炮，毕竟多年来一直有研究表明戒烟更有利于健康。但CVS仍是其市场中第一个采取这一行动的公司，它充分利用了消费者态度和预期的转变以及科学知识普及所催生的有利时机。

让我们用一个有点弗里德曼式的视角来看一下这个问题。请记住，我们并不反对弗里德曼的观点，即经济价值很重要，只是不赞成这种视其（以及短期价值）为公司唯一重要目标的解读。尽管截至本书写作时店内烟草收入减少了0.4%，但通过牺牲短期内唾手可得的收入，CVS健康的利润增长了11%，而且后续可以带动新药店收获54亿美元的销售收入增长。尽管这一攀升并非直接因放弃烟草销售而来，但CVS健康的首席执行官莫罗指出，当与关键的健康计划管理者就大额的单一供应商合同进行协商时，这一转变具有象征价值，这是由于对方能够从消费者戒烟所带来的慢性疾病减少及相应的医疗成本下降中获益；在与政府谈判时，情况也是如此。在宣布这一消息后的12个月里，CVS的股价上涨了38%。与此同时，金融分析人士表示，尽管停止销售烟草的决策将使CVS健康的每股收益减少0.06~0.09美元，但这一决定将大大增加该公司与联邦雇员健康福利计划（Federal Employees Health Benefits Program）续签处方协议的可能性，这将使CVS的每股收益提升0.16~0.21美元。莫罗指出，"销售烟草给公司带来的矛盾曾经是一个越来越大的障碍，严重影响公司在医疗保健服务领域扮演更重要的角色"，因此，CVS采取了勇敢的立场，消除了这一障碍，而结果就是迎来经济上的绝对好消息。能够就一个有重大意义的健康问题与其他组织协调一致，为 CVS 及其客户创造出了社会和经济两方面的利益。

冲锋在前

让我们看看另外两个范例，这些公司已经采取了强有力的立场来改变经营方式、行业运作方式，以及整个社区的技能和能力。我们将向你介绍多姆塔公司（Domtar），这是一家创新型的纤维公司，凭一己之力改变了造纸工业的困难局面，并在此过程中将纸张改造成为最易再生的资源。然后，我们将分享在澳大利亚联邦银行（CommBank）社区合作项目中与该行合作的经验，这家银行改变了整整一代澳大利亚孩子的理财能力。这两家公司都曾面临一个不得不做出决定的时刻：必须在短期收益和坚持为自己确立的标准之间做出选择。选择这种标准后，初看之下，它们的投资方式似乎并没有实现利润最大化。然而，通过以长远的眼光以及对每个企业所依存的社会相互依赖关系的理解为指导，它们的选择已然产生并将继续创造经济价值和社会影响。

多姆塔是一家转型中的公司。它是北美最大的纸浆造纸公司，也是世界第二大纸浆公司，你能想象到，自从数字革命开始以来，它正面临着纸张消费的结构性衰退所带来的挑战。它的颠覆前沿就是，在健康和个人卫生领域，利用更新颖、更复杂的纸和纸浆产品所带来的复杂性以及需要为其基础产品增加更多价值。

它是否会成功？我们认为会。事实上，该公司已经取得了成功，与 2009 年的最低点相比，其股价上涨了大约 10 倍（截至 2016 年）。它之所以能够成功，原因在于之前已经进行了转型，而且能够一次又一次地提升影响力，并在这个过程中响应需求。

对于多姆塔来说，这一切都始于 20 世纪 90 年代初，当该公司面对消费者和环境保护主义者改变纸和纸浆采购的巨大压力时，做出了明智的决定来回应这些变化。出于环保考虑，纸张产品的终端消费者要求更大的透明性，社会开始主动减少纸张的使用。这是非政府环保组织（ENGO）推动的一次转变，它们的炮火主要瞄准大型企业，而多姆塔是它们最大的目标之一。

把这场冲突比喻为战争或许有些夸张，但现实情况也不容乐观。一个典型事件是，绿色和平组织的积极分子在安大略省康沃尔郡的一家多姆塔工厂门前突然拉起了一条横幅，直到他们被拖走这事才算完。有人认为这场"战争"是不必要的，因为造纸行业只是对环境有影响的行业之一，绝不是影响最坏的行业。此外，多姆塔比当时的大多数企业都更注重环保。

公司意识到问题的严重性并开始做出回应，其响应之道为自身和整个造纸行业都加了分，而且成为因为做正确的事情而提高了影响力的公司范例。

多姆塔的可持续业务和品牌管理副总裁刘易斯·菲克斯（Lewis Fix）解释说："绿色和平组织事件确实让我们认识到非政府组织正紧盯着我们这一事实，同时也让我们见识了它们对此事的信念之坚决。这让我们很吃惊，因为它们甚至没有让我们先说话，这是一种非常令人震撼的感觉。"非政府组织正在使用抓人眼球的策略来提高人们的意识，不仅是在环保领域，还包括人权、社会和健康问题。它们喜欢的对抗性风格很快就在整个商界创造了一种"我们对抗它们"的心态。非政府组织和非政府环保组织把自己设定为厂方的"敌人"，尽管它们的目的是好的。意料之中的是，大多数公司积极备战，聘请律师、说客并拿出巨额预算准备反击。

多姆塔选择了一条不同的道路。该公司觉得康沃尔郡发生的事件给了它两个选择：它可以像世界自然基金会（WWF）一样，以同样的敌对意图对待非政府环保组织并捍卫自己的环保措施，这些措施在当时是行业领先的；或者，它也可以承认尚有机会改进，响应非政府环保组织的需求，并通过正确的工作来继续深化已经发展了几十年的原有行业实践，直面眼前的颠覆局面。多姆塔的领导人选择了后者。他们走出了行业的"回音室"，决定采取不同的做法，从而建立起一个企业与非政府环保组织的联盟，致力于在纸张价值链中创造更可持续的林业发展措施。正如该行业内的其他人所说的，他们要和魔鬼共舞。

多姆塔并没有竖起高墙、关闭大门，并把这些非政府环保组织拒于门外，与它们隔空对话，而是决定通过与这个新的利益相关者群体进行广泛联系来提升自己的人脉。它向那些被该行业称为"敌人"的组织敞开了大门。刘易斯·菲克斯回忆道："考虑所有情况之后，我们认为，我们最好进行一次对话，并与他们一起制定一项开放的政策。"多姆塔采取了一种更注重合作的方式来解决这个行业面临的最复杂问题：如何生产可持续、可再生的纸产品。例如，当时的广告和传播总监凯西·霍利（Kathy Wholley）解释说："多姆塔是业内第一个承诺获得森林管理委员会（FSC）认证的人，当时没有人愿意做这一认证。这是环保组织最喜欢的认证模式，但它绝对不被这一行业所喜欢。"

除支持森林管理委员会之外，多姆塔还与世界自然基金会积极合作。该组织已经成立几十年，主要进行研究、咨询和游说工作，试图阻止和扭转环境遭到破坏的局面。它是世界上最大的独立保护组织，在100多个国家/地区开展活动。当被问及与多姆塔合作的前期情况时，世界自然基金会时任副总裁、战略伙伴关系和发展副总裁哈德利·阿彻（Hadley Archer）说："当时，我们并不是抵制或强制要求绝对不利用森林或环境。我们意识到森林是树木组成的，而树木是可再生资源，如果能与那些开拓型组织合作，我们就能学会正确管理它们，从而创造繁荣的工业和生态系统。"世界自然基金会一直在与加拿大造纸行业的许多企业接触，想让它们参与到应用森林管理委员会最近从欧洲引入的标准中来。"这样的谈话通常非常艰难。我们需要那些愿意改变经营方式的龙头企业，要帮助它们在环境和社会责任方面上升到一个更高标准，但也要设法找到理想的方案来提高它们的利润。"哈德利继续说道。

多姆塔最终成长为这样一家公司。世界自然基金会与多姆塔和森林管理委员会合作，帮助这家公司在加拿大所管理的土地上取得森林管理委员会的认证。哈德利说道："我们还将帮助它们在整个供应链中推广宣传这些标准及其重要性。"从传统上讲，这个行业在理解自身对环境的影响方面并不那么先进，因此作为这一产业中的主要企业，多姆塔公司所取得的业绩可以说非常了不起。通过做出这一承诺，多姆塔的影响力不断提升，巩固了在行业中的地位，也成为下游价值链参与者的当然之选，比如一些大型零售商，而这些零售商也成为非政府环保组织的目标客户。

史泰博（Staples）、欧迪办公（Office Depot）、OfficeMax、百思买和其他公司都需要帮助，以便有效应对负面宣传和消费者对其系列产品的环境影响所持有的负面情绪，这些宣传和看法对零售市场产生了直接的负面影响。由于参与较早并且希望展开合作以改进做法，多姆塔很好地进行了自我定位，利用并推动这些有关可持续发展的宣传。没有人真正知道该怎么做，也没人能像多姆塔那样工作认真全面，所以鉴于其高瞻远瞩的眼界，零售商纷至沓来。多姆塔将这些零售商带入了讨论中，指出他们可以做的不仅仅是"把纸堆积在他们的货架上。多姆塔可以给予他们指导，可以向他们展示如何在其业务中建立起一个与可持续发展相关的计分卡。告诉这些零售商他们与非政府组织之间的敏感问题是什么，然后主动把他们介绍给那些活跃的非政府组织，而不是等着出事"，多姆塔的销售和营销副总裁迪克·托马斯（Dick Thomas）表示。多姆塔不仅在市场上提供产品，而且它还提供了独特的咨询服务，这源于它在颠覆前沿学到的所有东西，而且该公司利用这种高瞻远瞩的眼界来建立与零售客户的联系并对其发挥影响。

多姆塔达成目标后，并没有停止与世界自然基金会联盟的合作，它还与雨林联盟（Rainforest Alliance）进行了对话。"从一开始，这就是与多姆塔的公开对话。"雨林联盟主席滕西·惠仑（Tensie Whelan）说道。多姆塔一直在积极寻找改善其业务以降低风险的方法，同时也在谋求用新的方法来实现差异化。通过与非政府环保组织、客户以及业内其他公司的合作，多姆塔很快意识到，自己并不是在谋求一些小的、渐进式的改进，而是想要尝试创造出有资格获得森林管理委员会认证的纸张产品。所以，在2002年，该公司推出了"地球之选"（EarthChoice）产品，这是一个需要付出大量艰苦工作的产品系列，也是一项正确的工作。

推出"地球之选"系列产品是一项大胆举措，需要建立起一条完整的品牌产品线，以足够可靠、可信和稳健的方式来应对需求波动。这意味着要有新工艺和新系统，工厂里要新置和翻新设备，还要有新技术以及其他主要的资源投入。要做好这件事，不仅需要共同的目标、一般性的合作伙伴关系，还要重新思考现状。正如多姆塔的特种纸副总裁罗伯·梅尔顿（Rob Melton）所解释的，"我们必须超越我们的客户，走向产品的实际终端用户，并尝试真正理解他们想要的价值，然后通过供应链运作确保我们能在这些新产品中提供这样的价值"。这一开发过程要求多姆塔全力应对其在整个系统中所面对的复杂性。

为了做到这一点，多姆塔将发动整个组织开展重塑其运营模式的艰苦工作，并承诺在行业中率先做出积极改变，这些都是该公司认为自己应该做的正确工作。结果如何呢？"地球之选"产品取得了惊人的成功。多年来，多姆塔是唯一一家在北美市场获得森林管理委员会认证并拥有世界自然基金会熊猫标志的造纸商。新产品帮助多姆塔赢得了与客户的新合同，这些客户都感受到极大压力，需要变得更加可持续；它也帮助多姆塔与现有客户续签合同，并提高了其在买家和竞争对手以及员工心目中的行业地位。作为一种令人愉快的副产品，多姆塔还享受到了一种更好、更先进的运作模式。

10年后，多姆塔的"地球之选"纸品仍然是北美地区森林管理委员会认证的最大规模、最全面的纸品系列之一，占到公司纸品销售总量的20％以上。那些多年前在多姆塔工厂门前拉横幅的非政府组织和非政府环保组织如今把它作为典型范例，用以说明企业如何才能够在经济上取得更好发展，同时也为人类做正确的工作。弗里德曼的信徒可能会揶揄多姆塔从它的旧模式中榨出最后一分钱，但我们认为弗里德曼自己也会为以社会责任推动最终经济价值的长期观点鼓掌。因为他已经在2006年去世了，所以我们只能推测他的观点！

我们知道上述创新对多姆塔奏效了，但对环境也有作用吗？请看下面的数据。根据美国森林保护协会发布的一份报告，移植和重新造林有助于保持林地的稳定。美国现有近7.5亿英亩森林，与100年前大致相同。美国森林的年净增长量比每年的树木砍伐量高出36％。自20世纪50年代中期以来，美国森林中的常备树木存量一直稳步增长。

另外，2012年，美国有超过65％的已消耗纸张被回收再利用。在一份外部审查报告中，多姆塔指出，自1990年造纸工业建立第一个回收目标以促进美国纸产品的循环利用以来，纸回收量已经增长了85％以上。相比较而言，金属回收率为35％，玻璃是27％，而塑料只有8％。

纸已成为我们日常生活中所用的为数不多的真正可持续/可再

生的原材料之一。相比纸张而言，作为生产原料或用来发电的化石燃料仍然比造纸导致的环保问题更多（而且回收电池和其他组件仍然是一个尚待解决的问题）。如果这个行业继续推进可持续发展的林业管理，能够继续促进和支持纸张的循环利用，我们相信这个行业一定前途似锦。

公众日渐提升的环保意识，以及因数字化而导致的不可避免的纸张使用持续下降趋势，对造纸行业来说是一个大问题。该行业的企业都在努力做得更多、更好。那么谁能承担起领军任务呢？当然是多姆塔。在其总裁兼首席执行官约翰·D. 威廉姆斯（John D. Williams）的领导下，多姆塔与一个致力于品牌化和促进需求的平台合作，正面迎战这一难题，这个名为"纸业理由"（Paper Because）的平台以一种独特的方式为行业和消费者服务。

"纸业理由"平台最简单的运作形式是整合教育资源，包括文章、视频和其他教育资源，其目的是告诉人们纸是怎样造出来的，对环境的影响如何，在我们的生活中扮演着什么样的角色，以及科学使用纸张的具体策略。该平台发起了一个线上广告活动，该活动在《快公司》（Fast Company）、《纽约时报》甚至《国家地理》上都刊有广告。这项活动让多姆塔的员工和领导者参与到行业内外的论坛，并出现在孩子们的教室中，介绍关于纸张和环境的知识。

通过"纸业理由"平台，多姆塔提供了关于纸张生产和回收的真实影响的详细数据和深入分析，可供消费者、竞争对手和行业观察者随时使用。多姆塔还在平台上介绍了可再生和可持续发展的策略，也凸显了纸在人们生活中扮演的更加感性的角色。对很多人来说，他们使用纸的方式是一件非常私人的事情。例如，iPad 确实很棒，但它还是与纸质日记的感觉不同；数字图书缺乏书页的感觉，也无法在空白处做标记，而后者对读者来说是一件非常个人化的事情。纸不仅是可再生、可持续的，而且能保留人们互相联系的印记，"纸业理由"平台则会向你讲述关于纸的所有故事。

通过"纸业理由"，多姆塔使其产业得到迅速发展，该公司决定要让人们认识到纸在生活中的重要作用，并如实告诉人们该行业可持续发展的真相。

所有这一切产生的更大影响不仅仅是需求曲线上的变化，还影响了人们对生产、购买和使用纸张的感受。"纸业理由"旨在向全行业灌输一种自豪感，而这种自豪感正是这个行业所缺乏的。多姆塔现任高级沟通主管凯西·霍利在 2015 年 6 月对我们说："有关'纸业理由'的反应是'太棒了！'和'谢谢！'这超出了作为平台目标受众的高层管理人员和环保人士的预期。我们的员工很高兴看到公司为他们挺身而出，而我们的竞争对手也松了一口气，因为他们也可以获得资源来讲述纸张的价值。"

当我们在多姆塔询问刘易斯·菲克斯，为什么公司会继续在"纸业理由"和供应链透明度等方面投资时，他简单地回答说："潮水会让所有船只浮起来。"这是有重要分量的公司都耳熟能详的观点，它们相信，当它们不只为自己的成功做出贡献时，就能够创造出最大的价值。与这个想法相呼应的是，LoyaltyOne 的布莱恩·皮尔森也说："最终，我们都有兴趣让忠诚计划获得成功，不对吗？我们希望忠诚计划成功，也希望用这个概念来衡量的市场营销和客户体验取得成功。如果忠诚计划获得成功，那么随着时间推移，我们还可以开展更多业务。所以，这就是我们的头号使命。"像多姆塔和LoyaltyOne这样的公司乐于出力支持并推动整个行业向前发展。这是正确的做法，因为上涨的潮水真的能够托起所有船只。

我们已经分享了CVS专注于使组织策略与客户健康相协调的策略，还分享了多姆塔本着不是任何工作都做，而是去做正确的事情这一原则，改变了整个行业的惯性思维。它们展示了作为一家对消费者、行业、员工、社区和股东的价值具有重要分量的公司所应有的风范。我们还想和大家一起分享另一个案例，这是澳大利亚联邦银行（CommBank）的故事。这家银行相信，它在社区中发挥着强大的作用，甚至在整个公司的愿景中也做了这样的表示："要在保证和提高员工、企业和社区的财务健康方面表现出色。"它想要实现这一愿景，并接受与其领导地位相称的挑战。如今，许多公司都在探索以社区为中心所蕴藏的营销潜力，但在这个问题上，CommBank采取了更为真诚和全面的立场，只是将其作为组织愿景的一部分内容，并确保社会投资能反映出这一愿景。这使它成为一个如何增加自身分量并实现成为当然之选目标的完美范例。

无愧于你的位置

令人吃惊的是，澳大利亚虽然只有2 200万人口，CommBank却是世界上最有价值的银行之一。事实上，在全球最具价值的100家公司中，它一直占有一席之地。对客户和投资者来说，这家银行是当然之选，原因正是它可以做出无愧于其领导地位的决策。CommBank努力成为一家具有重要分量的公司，并始终以此为目标采取相应行动。

CommBank 一直在提供尖端技术平台这样的特色功能方面居于领先地位，这使它可以开展全方位运营，让顾客能在任何地方、任何时间、任何设备上办理银行业务。但是，先进的技术只是其对客户承诺的一部分，该行的另一个关键举措是社区投资，以及旗舰项目"聪明起步"（Start Smart）。

"聪明起步"是由 CommBank 提供支持的一个学校教育项目，它有一个大胆的目标，就是要改变整整一代澳大利亚人的财务健康状况。为了实现这一目标，在 2015 财年，"聪明起步"向近 30 万名儿童提供了超过 11 300 堂课程。再往后，CommBank 还承诺将把对项目的投资增加一倍，使其每年能覆盖 50 万名儿童。当被问到为什么 CommBank 会为这个世界上最大的金融扫盲项目之一提供资金时，企业责任总经理凯莉·麦克法兰（Kylie Macfarlane）表示，"我们致力于通过这一项目帮助澳大利亚的孩子实现财务健康，同时也支持教师们为学生提供更好的教育，并且奖励他们在教授资金管理技能方面的出色表现。我们从根本上相信，更好的学校会成就一个更好的国家，作为澳大利亚最大的银行，我们要为实现这一目标发挥重要作用"。

CommBank 每年安排 50 万澳大利亚孩子参加理财工作坊，我们公司（Karrikins 集团）负责设计并实施这个项目。这个项目规模惊人，而且对于实施这一项目的组织来说，要全身心地投入、发展和兑现这种承诺实在不易。对于 CommBank 而言，这是它应有的风范，因为它是市场领导者。

当我们与 CommBank 和多姆塔这样的公司交流时，关于市场领导者应该具有什么样的行动理念，始终是我们的讨论主题。真正具有重要分量的公司将解决其所处行业和社区的问题视为己任，它们有一种舍我其谁的勇气和担当。这些公司愿意承担起它们所能扮演的独一无二的角色，并且愿意投入时间、金钱和精力来扮演这个角色。对于那些具有重要分量的公司而言，要做的工作并不止于此。它们不只为解决社会问题出钱，或者只是呼吁，它们会正视由开放性的社会问题所引起的颠覆，并且能开发出无愧于其领导地位的应对方案。我们发现，像 CommBank 这样的公司，会有目的性地投资于那些有可衡量的影响力、有战略上的一致性，以及有组织上的整合性的项目。让我们通过 CommBank 及其"聪明起步"项目来探索一下这三种特性，首先从"聪明起步"项目可衡量的影响力开始。

企业并不是受到颠覆威胁的唯一实体，民众也会深受影响。文化是由科技、沟通、透明性以及人们对金钱和消费主义等事物的态度转变塑造而成的。CommBank 的研究表明，金融素养对我们的新一代来说是一个巨大的挑战。另一项研究探讨了虚拟（数字）货币会如何以不同于现金的方式对新一代的心理造成影响。当你不必支付实物货币时，整个消费体验就会发生变化，在我们这个基于信用的世界创造了一种全新的消费心理。与此同时，如今的孩子们也在不断承受各种令人惊叹的精彩事物的图像的狂轰滥炸——比如，在流行的社交媒体平台上，他们会看到朋友正立在新式喷气雪橇上滑雪，或者其他人正在欢度美妙假期。赚钱似乎很容易，到处都是产品植入广告和品牌宣传——他们观看的节目中、播放的音乐里，以及他们所浏览的社交媒体上。在这种背景下，对任何一个孩子来说，在理财方面学到可靠的审慎态度是一个不小的挑战。

值得庆幸的是，CommBank 并不是唯一认识到这一点的企业，近年来我们已经看到，理财已经成为学校课程的一部分。许多教师正在寻求创新方法，在教授基本知识的同时，将理财应用和指导的内容纳入其中。同样，CommBank 对教育和教师也有深层次的承诺，它已经响应这一需求，向教师提供最佳实践学习资源的使用权，帮助他们在课堂上教授理财知识。尽管如此，教师仍然面临着极具挑战性的任务，而且 CommBank 想要做的不仅仅是提供资源和奖助。

CommBank 认为，为应对我们社会面临的多重冲击，有必要建立一个项目，以进一步支持这些创新型教师的努力。这便是"聪明起步"项目开始的基础：在一个越来越以消费者为导向的世界里，设计一个在校教育项目，其目的是为孩子们提供必要的技能和观念，让他们能够做出明智的财务决策。CommBank 很快发现，教育部门绝不是可以随便敷衍的地方，为了与学校合作好，它需要提供一个更有效的项目而不仅仅是填补空白。这个项目也必须是可衡量而且可信的。随着项目的发展，该银行也更深刻地认识到需要影响的最重要的事情是什么，以及如何最有力地影响这些事情。

"聪明起步"项目不断发展，现在主要关注孩子教育成果的以下四个关键领域：

● 态度：孩子们会对金钱以及学习财务管理更感兴趣。

● 自我效能：孩子们相信他们更有能力自己理财。

● 知识：孩子们会更加客观地了解相关知识；可以说，他们会更有文化素养。

● 行为意向：孩子们想在财务方面养成更多良好的行为习惯。

对于公司来说，认同需要向社区尽义务的理念是值得肯定的，但是这种态度通常的结果往往或是流于口惠而实不至，或是给张支票了事。CommBank 非常强调结果导向，坚持要有证据表明项目产生了积极影响，就像对待任何面向客户的项目一样。该银行认为，学生应该得到不少于银行提供给自己最佳客户的服务和知识，而股东们也是这样要求的。

"聪明起步"只是 CommBank 为年轻人服务的一部分，几十年来，CommBank 通过其零售银行还投资了一个"学校银行"（School Banking）平台。尽管这两个项目并非共同构思，而是分别运行，并且"聪明起步"是一个纯粹的教育项目，但它还是给"学校银行"业务增加了一种行为效益。研究表明，你越早将行为意向转化为实际行动，就越有利于长期行为的改变。不仅如此，如果能够创造一种结构和一个机会，让人们能持续地投入到一项行动中，那么你就可以养成一种生活习惯。"学校银行"计划可让孩子们做到这一点，帮助他们定期储蓄。想象一下，每年有 50 万孩子被告知储蓄的重要性和价值，他们中的许多人也参与了每周的储蓄计划。这些社区投资现在每年达数千万美元，而结果就是我们再次看到了做正确之事和获得长期经济收益之间的联系。

我们所谈论的所有与社区影响有关的公司都将对社区的影响与企业价值联系在一起。通过协调社区计划与总体战略协调，它们实现了这种"买一送一"式的成果——在发展业务的同时也为社区做出贡献。让我们看看 CommBank 是如何通过战略策应来做到这一点的。

各大银行早就知道，你开立的第一个银行账户确实是具有黏性的。在你的一生中，财务需求会不断发生变化，但假设你签约的第一家金融服务公司对你体贴周到并且帮助你解决问题，那么你可能会一直坚持与其合作。如今，比以往任何时候都更重要的是，这对世界各地银行的长期成功比以往任何时候都更重要。为什么呢？第一，存款代表了更低的资本成本；第二，向现有客户销售比获得新客户花费更少。因此，如果银行在客户年轻的时候就能赢得其信任，能随着客户需求的发展而开发相应产品，并终身留住客户，这些客户所能提供的效益将比那些不断进进出出的客户多出数倍，因为后者的选择只是建立在人生某个阶段和某个月份利率吸引力的基础之上。

如今，一个孩子可能会开立或使用的第一个交易账户很可能是 iTunes 或 App Store 账户。孩子们越来越多地通过智能手机和存储账户来购买更多种类的商品。随着手机应用的扩张，我们可以很容易地看到这些客户会把他们的工资或零花钱直接存入数字化环境中。事实上，PayPal 已经有了类似服务。这种趋势让世界上每一位银行高管都不寒而栗，因为他们知道这不仅在技术上是可行的，而且相比传统银行现行的做法，这些新技术公司展现了与新一代消费者更契合的形象和价值主张。

为应对 Apple 等后来者的入侵，银行要尽可能早地抓住年轻储户的注意力和资源。CommBank 的"学校银行"平台在此可以扮演的角色显而易见，然而，"聪明起步"是一个以教育为重点的项目，它永远不会以帮助银行直接获取客户为目的。但它仍然打上了品牌烙印，而且伴随着它的教育目标，"聪明起步"会创造出与品牌的联系、亲和力以及相关性。孩子们喜欢这种体验，老师和家长都很喜欢它的效果，而且与世界上一些最受尊敬的消费品牌一样，"聪明起步"也有一个相似的净推荐值（net promoter score）。在引导新一代顾客进入银行的过程中，"聪明起步"提升了品牌影响力，"学校银行"平台则打通了行为意向和实际行为之间的区隔。此外，它们还培养了更有经济能力的一代，这一代人将在以后的生活中做出更明智的理财和信用决策，这不仅对他们有利，对银行也大有裨益。这就是最终的共同价值。这是一种智慧的、战略性的思考，公司可以将其应用于社区、所属行业以及客户。

CommBank 之所以投资于"聪明起步"，原因在于它体现了公司的愿景，并且能支持公司的目标：投资于能改善澳大利亚年轻人的教育成果，改善他们的财务健康状况，并确保他们具备参与未来工作所需的技能。CommBank 认为，"更好的学校会成就一个更好的国家"，"聪明起步"和"学校银行"是 CommBank 在其所服务的社区中发挥作用的重要渠道，有助于构筑公司未来的资源和影响力。

有分量的公司有很高的标准，并努力寻找机会将它们的社会责任与战略联系起来，以便创造出可随着时间推移不断更新发展的生长性关系，从而巩固它们在社区中的地位。CommBank 一直不懈努力，确保"聪明起步"所实现的组织整合（organizational integration）能对项目参与者发挥良好作用。因此，"聪明起步"也提供了一个机会，可以把 CommBank 的员工与当地的学校和社区联系起来。尽管从操作来说，CommBank 本地分支机构的员工不可能参加每一次"聪明起步"课程，但他们确实参加了其中的一部分。CommBank 坚持将"聪明起步"的重点只放在教育成果上，这使它在社区中建立起了巨大的品牌价值和十足的信任。CommBank 的员工也可以志愿在当地小学里开办"学校银行"项目，从而让他们进一步参与到自己所服务的社区中。在 CommBank 的年度"教学奖"评选中，该银行的员工和当地社区能够提名在向学生教授理财技能方面表现优秀的教师。这对于"聪明起步"的价值至关重要，使该组织与项目的成功保持一致。

CommBank 十分重视其在这一行业中的领导者地位，正因为重视程度如此之高，它才会投资于像"聪明起步"这样的项目。同样，该银行也需要对投资给予足够重视，确保其可衡量性和战略上、组织上的一致性。这三个特点在我们调研过的公司中很常见，它们觉得受到一种感召，要在自己的社区以及所处行业中都扮演重要角色。德勤加拿大很惬意地谈到了自己在支持作为加拿大经济引擎的中型市场方面所扮演的角色。在该公司的"最佳管理"项目中，员工自愿成为教练和评估员，在他们正常的客户承诺之外支持这一项目。多姆塔对其"地球之选"系列产品的战略定位信心十足，而员工也支持公司为成为森林管理委员会认证企业和"纸业理由"项目大使所做的努力。

这样的企业不胜枚举，我们所接触到的公司不断证明，当你决定变得具有重要分量时，当你最终所做的不仅仅是艰巨的工作，而是正确的工作时，你就会提升自己的影响力，并在此过程中创造出更多价值。我们调研过的所有公司都以某种形式表达了它们希望通过做正确的事情把公司做好的真诚愿景，而且它们有一种渗透到自己的战略、计划和承诺中的责任感——所有这些都彼此保持协调一致。

你该如何响应召唤？此刻你应该做的正确工作是什么？你如何通过为自己所在的社区发挥不同的作用来提升自己的影响力？当你考虑这些问题时，别忘记那些能够产生可衡量成果的项目——不仅仅是为了你的资产负债表，而是为了相关参与者。然后，在战略和组织上进行协调，建立一个自我维持的项目，在未来的岁月里，它将回馈社区和你的企业。这些工作都是更高影响力的题中应有之义，只有做到这些，你才能成为不二之选。

结语

如果你一直认真读到了这一部分，那么要感谢你。本书中讲到的那些公司通过挑战自我变成了各自市场上举足轻重的角色，把它们的精彩故事讲完是一段不算短的旅程。在这段追寻之旅中，它们不断努力增加自身价值并推动高层次成果的实现，也正因为如此，它们在各自的目标市场中成了当然之选。

在这一过程中，我们似乎发现了一个重要秘密：一旦你开始走上这条道路，并向世界证明你就是当然之选，那么这就会成为你的员工、客户和投资者期待于你的第二天性。实现这个目标并不意味着你要把自己变成一个重量级人物，你必须防止骄傲自满，要保持自我警觉，不断通过"重启"过程来提升自己的眼界、人脉和影响力。如果你能有意图地采取行动，就会发现自己总是眼光向外在寻求新的颠覆前沿，也即以一种不同的方式来经营你的事业，始终使之远离同质化竞争的游戏。像你一路走来所建立的人脉一样，这一过程变成了成长性的，每一个元素都通过不断循环上升而实现差异化并促进其他元素的变化。

回顾第一部分，我们介绍了寻找颠覆前沿的理念。不必关心你的竞争对手在做什么，你的投资者想要什么，甚至也不用太在意你的客户想要什么，重点是看你的颠覆前沿在哪里——你觉得自己可以在体系中创造最大价值的地方，以及你有激情去创造系统性变革的地方在哪里。你应该去寻找并花时间在那里学习，然后分享你所学到的东西。这是提升眼界的第一步，原因在于这会促使你非常清晰地认识你希望创造的价值是什么，而其他一切东西都起源于此。还记得 DPR 如何在一个竞争激烈的行业中改变人们惯常的工作模式吗？找到你可以改变的地方，并加倍专注于提高你的眼界，就可以为提升你的人脉打下基础。

拥有高瞻远瞩的眼界后，第二部分会让你学习到如何提升自己的关系。更高层次的关系意味着你在组织或买家的心目中的影响力会不断提升，你能与之建立起深厚的合作伙伴关系，而且通过理解其中的复杂关联得以纵览全局，从而建立起更广泛的关系网络，并对市场施加影响。通过这些不同类型的人脉关系，你可以提升自己的眼界，并创建一个可以从中获得更高影响的平台。同样，也是在此过程中，你开始积累足够的实力，能够对无法助你提升或者无法帮你尽可能提供最佳价值的工作和客户说"不"。湖滨公司曾经开导一位潜在客户暂缓与自己开展业务，因为它还不是最合适的业务伙伴；DPR 愿意离开那些对该公司所期望的合作类型不感兴趣的客户，还记得这些吗？要实现与今天的你截然不同的未来自我，需要勇气和决心。

第三部分所描述的"更高影响"是成为当然之选的关键一步，

很多公司都在这一关键问题上栽过跟头。这是利箭上弦的关键时刻，你必须做出艰难的抉择，到底在哪里投入你的时间和金钱，如何设定公司的未来发展方向，以及当你投入大量赌注并且做了大量艰苦工作时，你如何回答关于工作责任和收效的问题。但是，如果你在实现目标之前就停下来，如果你不提升自己的影响力来尽可能创造最大的潜在价值，你就不会成为当然之选。我们知道这很难，我们在这里挑战自我，有时甚至是在拼命挣扎。但是当看到自己能够对客户和所在社区产生影响的时候，你会觉得这些努力都是值得的。

这其实也是一件很酷的事情。一旦实现突破并提升了自己的影响力，你就会发现自己还想再一次实现突破和提升。你想找到自己的下一个颠覆前沿，而且你将会在自己的组织中培养出坚韧精神来支持进一步探索。这将成为你的组织文化的一部分，你不断学习、分享，提高影响力，也不断走上颠覆前沿，一次次实现跨越。你提升自己眼界、人脉和影响的能力将结合成一个重要优势，使你能够在所在市场中始终保持当然之选的地位。努力成为一家具有重要分量的公司将成为你的一贯思路，也会是你开展工作的最得心应手的方式，而且你也会和那些同样成为当然之选的公司携起手来，共同应对挑战。

我们真诚希望，你能从我们提供的案例研究和讨论中汲取灵感、激发渴望，并且已经准备好开启自己努力成为当然之选的征程。我们知道这很困难，但这同样很重要。我们的合作伙伴为本书提供了它们的故事，它们都是各类公司中最好的典范，而且都是对客户、员工、股东和社区而言真正举足轻重的公司，我们相信你也可以成为其中一员。选择在正确领域的关键行动中努力工作，让你的团队专注于那些对你的内部和外部客户都真正具有重要分量的工作，并且努力为你所处行业带来比其他人更多的价值和更高的影响。

　　我们很想听听有关你的奋斗历程的故事，有什么措施奏效了、有哪些做法不可行，以及你如何在这三个方面找到提升的方法：眼界、人脉和影响力。也许我们也可以学习和分享你努力成为当然之选的历程。

致谢

首先而且最为重要的是，要感谢那些同意参与这项研究的企业领导者，感谢你们允许我们在书中分享那些鼓舞人心的故事和公司的案例研究。没有你们的支持，就不会有这本书。感谢由彼得·高森（Peter Gossin）领衔，包括谢丽·惠勒（Shaylee Wheeler）和艾比·洛尔（Abby Loar）在内的原创研究团队。感谢斯蒂芬妮·斯图尔帕（Stefanie Stolpa）和赛斯·舒尔曼（Seth Schulman），他们在指导本书写作方面发挥了重要做用，帮助我们建立起本书的观点和风格。感谢所有关键读者，尤其是约什·林克纳（Josh Linkner）和彼得·富达（Peter Fuda）。感谢本贝拉（BenBella）团队的耐心和合作。最后但绝非可有可无的是，感谢 Karrikins 集团的同事们和我们的家庭成员，是你们与我们一起扛起这份重担，容忍我们的情绪波动，并鼎力支持我们工作。

MATTER: MOVE BEYOND THE COMPETITION, CREATE MORE
VALUE, AND BECOME THE OBVIOUS CHOICE by PETER SHEAHAN,
JULIE WILLIAMSON, PHD

Copyright © 2016 Peter Sheahan

Published in arrangement with Regal Hoffmann & Associates LLC, through The
Grayhawk Agency.

Simplified Chinese edition copyright © 2019 China Renmin University Press Co. ,
Ltd.

All Rights Reserved.

图书在版编目（CIP）数据

分量／彼得·希汉，朱莉·威廉森著；苑东明，孙英双译．--北京：中国人民大学出版社，2020.6

ISBN 978-7-300-28073-8

Ⅰ.①分… Ⅱ.①彼… ②朱… ③苑… ④孙… Ⅲ.①企业管理 Ⅳ.①F272

中国版本图书馆 CIP 数据核字（2020）第 068677 号

分量

——跳出竞争深井　成为当然之选

彼得·希汉　朱莉·威廉森　著

苑东明　孙英双　译

Fenliang

出版发行	中国人民大学出版社
社　　址	北京中关村大街 31 号　　　　邮政编码　100080
电　　话	010－62511242（总编室）　　010－62511770（质管部）
	010－82501766（邮购部）　　010－62514148（门市部）
	010－62515195（发行公司）　010－62515275（盗版举报）
网　　址	http://www.crup.com.cn
经　　销	新华书店
印　　刷	北京联兴盛业印刷股份有限公司
规　　格	148mm×210mm　32 开本　　**版　　次** 2020 年 6 月第 1 版
印　　张	8 插页 2　　　　　　　　　　　**印　　次** 2020 年 6 月第 1 次印刷
字　　数	169 000　　　　　　　　　　　**定　　价** 49.00 元

版权所有　　侵权必究　　印装差错　　负责调换